KB188566

개신교의 역사
History of the Protestant Church

김득해(Samuel Dukhae Kim)

인문엠앤비

To My Grandsons and Daughters

(Henry, Layelle, Isabella, Lia, Joshua)

Protestant Church(개신교)에 관해서는 신학자들은 물론 여러 일반 학자들을 통해서 수백 년 동안 연구되어 왔다. 그러나 이 연구들은 아주 광범위해서 일반 평신도들이 이해하기에는 복잡하고 쉽지 않다. 그래서 이 개신교에 관한 논문들이나 학설들을 좀 더 쉽게 간추려서 편집해 출판하면 많이 도움이 되리라고 생각했다. 물론 이 책은 학적인 논문은 아니다.

먼저 이 책은 종교개혁 시대의 신학인 정통주의와 종교개혁 이후에 일어났던 여러 가지 신학과 신앙 운동을 소개했다. 좀 더 자세히 설명하자면 종교개혁의 반응으로 일어난, 경건주의, 신정통주의, 계몽주의, 합리주의 및 경험주의의 신학과 철학 운동의 원인이 무엇이며 그리고 어떠한 결과를 가져왔는지 차례로 간단히 설명하였다.

그 다음에 유럽의 각 나라 개신교와 그리고 미국의 개신교의 발전상을 다루었고, 개신교 운동에 앞장섰던 지도자들의 역할을 조명했으며 유럽의 경우 신앙부흥 운동이 일어난 동기와 그리고 부흥 운동의 지도자들에 대한 배경을 설명했고 미국의 개신교에 대해서는 미국 대각성 운동의 선구자들을 중심으로 그들의 신앙과 신학 또는 복음 전도와 사역을 집중적으로 다루었다. 다음으로 대각성 운동의 지도자들의 영향을 받고 한국 선교에 나선 선교사들의 선교사역도 간단히 소개되었다.

이 책의 연구의 기본 자료는 종교개혁 이후에 나타난 자료들을 중심으로 하고 보충 자료로는 그동안 출판된 책이나 논문들의 내용을 주관적인 면보다 객관적인 면에서 다루어 보려고 노력하였다. 그리고 기존의 신학자들의 해석을 다소 수정하여 저자의 의견을 많이 삽입하여 편집하였음을 말해 둔다.

끝으로 이 책의 출판을 위시해서 항상 재정적으로 후원해 주신 나의 대학원 친구 Charles Goodman 사장에게 특별히 감사를 드린다. 그리고 이 책이 나올 수 있도록 협조해 주신 국제복음개혁신학대학 이사장 Joshua Park 박사님과 이사회에 그리고 이 책의 편집을 도와주신 학장 김종헌 박사님과 인내심을 가지고 끝까지 내조를 아끼지 않은 저의 아내 이인숙 권사님께 그리고 책의 출판을 맡아 주신 인문엠앤비 출판사에도 감사를 드린다.

2024년 3월

김득해(Samuel Dukhae Kim)

| 차례 |

제4장 미국의 개신교 현황

결론 - 221

개신교(Protestant Church) 역사는 가톨릭에 비해 다소 짧은 500여
년의 역사를 가지고 있다. 가톨릭교회가 중앙집권적으로 세계를
통치한다면 개신교는 구심점이 없이 나라마다 그 발전상이 다르고
구조나 교리, 신앙고백서 및 정치형태도 아주 다양하다.

1517년 종교개혁으로 인해 신·구교간의 갈등으로 혼잡한 가운
데서 불행하게도 1562년 가톨릭에 의해 신교파인 위그노(Huguenot:
프랑스 개신교)가 학살되면서 종교전쟁이 시작 되었다. 이 전쟁은 프
랑스 앙리 4세의 낭트칙령(1560~1598)으로 모든 신도들에게 신앙의
자유와 정치적 권리를 부여하면서 마무리되는 듯하였다.

그러나 그 후 약 40년 동안 프랑스에서는 구교도와 신교도, 교
황주의자와 개혁주의자 간의 분쟁으로 내란이 계속되었다. 가톨
릭교회의 부패와 타락에 염증을 느낀 개신교도들은 성모 마리아와
성인 숭배를 거부하고, 오직 신앙과 기도에 입각한 간결한 종교
의식을 행하는데 심혈을 기울였다. 또한 인쇄술의 발달 덕분에 종
교개혁의 선구자 루터와 칼뱅 사상이 마치 '전염병'처럼 널리 펴져

나갔다. 1559년에 프랑스에는 2,000개 이상의 신교도 서클이 있었을 뿐 아니라, 일부 유력 귀족들도 신교에 가담하고 있었다. 이러한 혼란 속에 프랑스 왕정은 다시 신교도에 대하여 탄압과 관용을 병행하는 양면책을 실시했다.

종교개혁 이후 점차적으로 가톨릭의 교권주의에서 벗어나면서 Protestant는 새로운 시대를 맞이하게 되었다. 그동안 Protestant 운동은 몇몇 지도자들에 의해서 시작이 되었으나 그 후 그들 간의 신학적 조류의 차이 때문에 Protestant 운동은 군웅활거 하는 시대에 이르게 되었다. Protestant 운동은 종교개혁 이후 주로 루터파 정통주의와 칼뱅의 정통주의로 양분이 되면서 처음에는 신앙문제에 신경을 썼으나 나중에는 신앙의 문제보다 교리 싸움으로 인해 사분오열의 상태에 머물게 되자 이에 불만을 품고 새로운 신앙 운동인 경건주의, 신정통주의, 계몽주의 그리고 합리주의 사상이 차례로 자리를 잡기 시작했다.

제 1 장

종교개혁 시대에 나타난
신학의 조류

정통주의 : 루터와 칼뱅의 개혁파 운동

종교개혁 시대에 나타난 신학을 로마가톨릭교회의 신학과 구분하기 위해서 생긴 단어가 정통신학이다. 정통신학은 가톨릭이 주장하는 교권주의가 아니라 하나님의 말씀에만 의지하는 순수한 신학이라는 의미에서 종교개혁자들과 그 후계자들이 스스로 사용한 말이다.

종교개혁은 1517년 마르틴 루터(Martin Luther, 1483~1546)에 의해서 시작되었다. 마르틴 루터를 흔히 종교개혁의 원조 또는 아버지라고 부른다. 그러나 루터가 종교개혁을 일으키게 된 동기는 그보다 150년경 앞서서 가톨릭과 교황청의 부패상을 지적한 영국의 신학자이고 철학자이면서 옥스퍼드 대학 출신의 엘리트인 존 위클리프(John Wycliffe: 1320(?)~1384)의 영향을 받은 것으로 기록되어 있다. 성공회에서는 그를 성인으로 추대하고 매년 12월 31일에 그를 기념하는 축제행사를 치르고 있다.

루터는 가톨릭의 한 평범한 신부로서 몇백 년 동안 쌓였던 가톨릭교

회와 교황청의 부패에 대항하여 95개의 반박
문을 발표하였고 이로 인해 가톨릭교회에서 출
교를 당하게 되었다. 그 후 루터로부터 시작
된 이 종교개혁 운동은 프랑스의 칼뱅과 스
위스의 츠빙글리(Zwingli, 1484~1531)에 이어
서 유럽 전역에 퍼지게 되었다.

마르틴 루터

  마르틴 루터는 당시 비텐베르크 대학교의 교수였으며, 훗날 종교개
혁을 일으킨 가톨릭 사제였다. 본래 아우구스티노회 수사였던 루터는
로마가톨릭교회의 면죄부 판매가 회개가 없는 용서, 거짓 평안(예레미야
예언자의 가르침을 인용함)이라고 비판했으며, 믿음을 통해 의롭다함을 얻
는 이신칭의를 주장했다. 칭의를 통한 개인 구원의 새 시대를 열어주었
다. 면죄부 판매를 비판한 루터는 1517년 95개 논제를 게시함으로써
당시 면죄부를 대량 판매하던 도미니코회 수사이자 설교자 요한 테첼
에 맞섰다. 1520년 교황 레오 10세로부터 모든 주장을 철회하라는 요
구를 받았지만, 오직 성경의 권위를 앞세우면서 성서에 어긋나는 가르
침들을 거부하였다.

  1521년 보름스 회의에서도 마찬가지로 신성 로마 제국의 황제인 카
를 5세로부터 같은 요구를 받았으나 거부함으로써 결국 교황에게 파문
당했다. 1517년 10월 31일 비텐베르크 대학교 교회 정문에 95개 논제
를 게시했다고 알려져 있으며, 이것으로 종교개혁이 시작되었다. 루터
의 종교개혁은 당시 종교와 사회에 큰 영향을 주었다.

마르틴 루터는 로마가톨릭교회에 부패와 잘못된 교황의 권위에 항거하여, 로마가톨릭교회의 교리를 논박하고, 성서가 지니고 있는 기독교 신앙에서의 최고의 권위와 그리스도에 대한 오직 믿음과 하나님의 전적인 은혜를 통한 구원을 강조했다. 루터 본인은 자신이 '종교개혁'을 일으켰다고 생각하지 않았는데, 종교개혁이 하나님에게 이끌림을 받아, 할 수 없이 한 일이기 때문이라고 말하였기 때문이다. 그는 복음주의자로서 복음을 전파하기를 원했고, 자신이 설교자, 박사, 교수라고 불리기를 원했다. 그러나 그의 삶 가운데 그가 행했던 일들은 엄청난 결과를 가져왔다. 개신교가 태동했을 뿐 아니라, 성서 번역, 많은 저작 활동, 작곡과 설교를 통해 사회와 역사가 크게 변화되었기 때문이다.

루터는 1483년 독일 작센안할트주 아이슬레벤에서 광산업에 종사하는 아버지 한스 루더(Hans Luther)와 어머니 마르가레테 린데만(Margarethe Lindemann) 사이에서 태어났다. 부친은 교회의 타락을 묵인하지 않는 신념의 기독교인으로 알려져 있다. 루터는 주기도문에서 "하늘에 계신 우리 아버지"라는 문장에 부담을 느낄 만큼 엄격한 아버지의 그늘에서 자랐다고 한다. 그래서 진로 문제도 자신의 적성과 흥미가 아닌, 아버지의 뜻대로 정해야 했는데, 루터의 아버지는 아들을 법률가가 되게 하여 사회적 성공을 하게 하려고, 에르푸르트 대학교에 입학시켰다. 그곳은 세계적으로 엄청난 법률가들만 모이는 단체다. 루터의 아버지가 루터를 안고 "나는 고생하더라도 아들은 출세시켜야지"라고 말하는 장면이 있으니 루터의 아버지가 아들에게 얼마나 욕심을 투영했을지를 짐작할 만하다. 루터는 교양학부에서 모든 과목을 우수한 성적으로 마치고서 1502년 문학학사 학위를 받은 다음에 1505년에 차석으로 시험에 통과하여 문학석사 학위를 받았다. 루터는 석사 학위를 마치고 아버지가 원하는 대로 본격적으로 법학 공부를 시작했다.

루터는 대학교 시절 어느 날, 집에 갔다가 에르푸르트로 돌아가는 길이었다. 7월 2일 슈토테르하임 인근에서 벼락이 떨어지는 순간 루터는 땅으로 엎어지면서 광부들의 수호성인을 큰 목소리로 불렀다. "성 안나(성모의 어머니)여, 나를 도우소서! 저는 신부가 되겠습니다."

수도원에 들어가려는 생각에 가득 찼던 루터는 뇌우를 하나님의 음성으로 받아들이는 데 전혀 주저하지 않았다. 루터는 자신의 기대에 어긋나는 아들의 진로 변경에 좌절을 느낀 부친의 분노 어린 반대에도, 1505년 에르푸르트(Erfurt)에 있는 "아우구스티노 수도회" 소속 "검은 수도원"에 입회하여 수사신부가 되었다.

루터는 죄인인 인간이 거룩하신 하나님과의 관계가 가능한지 알고 싶어 고민하고 있던 중 수도회에서는 루터가 비텐베르크 대학교에서 공부하도록 알선해 주었다. 비텐베르크 대학교의 요한 폰 스타우피츠 교수는 루터가 성서에 대해 진지하게 공부하면 평안을 찾을 것이라고 생각하여 루터를 성서학 교수 사제로 임명했는데, 이로 인해 루터는 신앙적인 고민을 해결할 수 있었다. 루터는 로마서, 시편, 갈라디아서 강의를 통해 의에 대한 개념을 새롭게 확립하게 되었다. 칭의란 오직 그리스도를 믿음으로 죄인이 의인으로 인정받는다는 교리다. 하나님의

의란 수동적인 것으로 하나님에 의해 은혜로 주어지는 의라는 것을 깨닫게 되었다.

로마가톨릭교회가 강제적으로 면죄부를 판매하여 죄를 사해 준다는 교황청의 명령이 루터의 신앙을 근본적으로 흔들어 놓았다. 루터는 돈으로 구원을 살 수 있다는 로마가톨릭교회의 가르침에 순응할 수 없었고, 나아가 침묵할 수도 없었다. 루터는 자신이 가르치고 돌보는 많은 사람에 관한 목회적 양심과 책임으로 설교 중 면죄부 판매를 비판하기 시작했고, 전혀 개선되지 않자 드디어 1517년 10월 31일, 비텐베르크의 만성 교회 문에 '95개 논제'의 반박문을 게시하면서 기존 로마가톨릭교회와 본격적인 논쟁을 시작했다. 이것이 종교개혁의 시발점이다.

다만 루터가 반박문을 교회 전체에 게시했는지는 확인된 바 없다. 이 반박문은 루터가 인쇄해서 사람들이 읽었으며, 책으로 발간한 후에도 인근에 이를 게시했다는 내용은 확인되지 않았다. 교회 벽 게시판을 최초로 거론한 사람은 필리프 멜란히톤이며, 루터 사후 자신의 저서에서 루터를 언급하며 반박문을 벽에 게시한 일에 관한 최초 기록을 남겼다.

1515년 루터는 10개의 아우구스티노 수도원을 감독하면서 서신 교환과 방문 등을 통하여 새로 발견한 복음의 씨앗을 전파할 위치에 서게 되었다. 그는 처음에는 자신의 깨우침이 가톨릭의 전통과 신학에 비해 얼마나 급진적인지 알지 못한 채 계속 성서 연구에 전념하고 있었는데, 면죄부 논쟁을 계기로 그것이 오히려 종교개혁의 씨앗이 될 줄 몰랐다.

로마가톨릭교회에는 일곱 가지 성사(Sacraments)들이 있는데 면죄부는 그 가운데 하나인 고해성사와 연관된 것이다. 사제는 통회하는 고해자의 죄 고백을 듣고 죄책에 대한 보속으로 순교, 시편 낭송, 특별기도 등의 행위를 하게 하였는데 면죄부는 이러한 보속을 면해 주는 증서였다. 그런데 면죄부가 로마가톨릭교회의 주요 수입원이 되면서 교회는 면죄부 영업에 열을 올렸는데, 실제로 요한 테첼은 "금화가 헌금궤에 떨어지며 소리를 내는 순간 영혼은 연옥을 벗어나 천국 향해 올라가리라"고 신자들을 기만하였던 것이다. 그는 선제후 프리드리히 3세가 작센 영내에서의 면죄부 판매를 거부하자 근처에다 면죄부 판을 벌려 놓았으며, 성서도 적절히 인용하고 연옥에서 당신들의 부모가 고통을 받고 있다면서 감정에도 호소함으로써 순진한 신자들을 현혹하였다. 이러한 타락에는 교인들도 원인을 제공하였다.

그 당시 중세 교회의 신자들은 하나님께 자신의 잘못을 뉘우치는 진지한 신앙생활보다는 면죄부를 구입함으로써 죄의식을 면하려는 손쉬운 신앙생활을 좋아하였으며, 구원을 돈으로 살 수 있다는 교회의 주장이 과연 성서의 가르침에 부합하는가를 생각하지 못했다.

성도들의 영혼을 염려하는 목회적 책임감을 느끼고 루터는 이미 이전에 행한 설교에서 면죄부 판매를 비판해 왔었다. 그러나 고해 문제의 재고 요청들이 결국 실패하자 루터는 공개 논쟁을 요청하기로 결심하여 1517년 10월 31일, 제성기념일 전야에 95개 논제를 비텐베르크의 만인 성자 교회의 문에 내걸었던 것이다.

루터는 "우리의 주님이시며 선생이신 예수 그리스도께서 '회개하라' 고 하실 때, 그는 신자들의 전 생애가 참회되어야 할 것을 요구하셨다." 라고 논제(제1조)를 시작했다. 그는 자신의 복음의 재발견을 면죄부 문제에 적용하여 "교회의 참된 보화는 하나님의 영광과 은혜의 거룩한 복음"(제62조)이라고 역설하면서, 면죄부는 그리스도의 십자가에 나타난 자비에 비할 바가 아님을 천명하였다(제68조).

마지막 논제(제95조)에서 루터는 그리스도인은 면죄부와 같은 행위의 의가 아니라 "오히려 많은 고난을 통해 하늘나라에 들어간다."고 결론을 내렸다. 종교개혁 운동은 로마가톨릭의 문제를 논박함으로써 교회 개혁을 주장하였다.

종교개혁의 지침으로 루터는 십자가의 신학을 강조했는데 이 신학을 이해하려면 먼저 루터가 말한 영광의 신학이 무엇인지를 파악해야 한다. 루터의 영광의 신학은 하나님의 본질을 알려면 하나님의 보이지 않는 본질을 먼저 보아야 하는 신학이라고 말한다. 영광의 신학은 출애굽기 33장이 보여주는 모세처럼 하나님의 얼굴을 보고자 하는 신학이다. 영광의 신학은 하나님의 사역을 통해 하나님을 인식하고자 하며 하나님의 보이는 본질을 통해서 그의 보이지 않는 본질의 지혜를 파기하는 것이라고 한다.

"만일 인간이 하나님을 십자가의 낮아지심과 수치 속에서 인식하지 않고 하나님을 그의 영광과 존엄성 속에서만 인식하는 것은 어느 누구에게도 충분하지 않고 필요하지 않다."고 루터는 강조했다. 이것은 하나님에 대한 직접적 인식이요 인간에게는 불가능한 길이다.

반대로 루터가 강조하는 영광의 신학은 "주여 아버지를 보여주소서"(요14:8)라고 간청하는 빌립의 요구에 상응하는 신학이다. 그러나 예수는 빌립처럼 다른 곳에서 하나님을 찾는 자들에게 "나를 본 자는 아버지를 보았느니라"(요14:9)라고 말씀하시면서 하나님의 본질을 성부의 창조사역으로부터만 인식하지 말고 현재 하나님의 본질인 예수 그리스도를 통해서 인식하라는 것이다. 즉 영광의 신학이 영광 속에 나타나 있는 하나님의 본질을 보려고 하는 신학이라면 십자가의 신학은 영광의 신학을 떠나서 보이지 않는 십자가의 희생을 인식하는 신학이라고 한다.

다시 말해서 영광의 신학이 높이 계시는 하나님의 존엄성을 통하여 하나님의 본질을 찾으려 하는 신학이라면 십자가의 신학은 영광과 존엄과 관계가 없는 가장 비천하고 낮추어진 십자가의 희생 속에서 하나님의 본질을 발견하자는 것이다. 그러므로 예수께서는 창조주 하나님만을 만나려는 것보다 장차 희생의 제물로 십자가를 지게 될 예수 그리스도의 본질을 인식하라는 경고의 말씀이다.

영광의 신학은 모든 인간이 추구하는 신학이다. 하나님을 창조사역으로부터 인식하고자 하는 자연신학과 다를 것이 없으며 동시에 영광의 신학은 인간을 자기 공로를 내세우는 교만으로 이끌고 간다. 영광의 신학은 하나님을 인식하는데 "영광과 능력(Glorie und Macht)"을 기준으로 내세운다. 루터는 중세 스콜라주의가 인간의 행위를 강조하는 영광의 신학이라고 비판하면서 하나님의 은총을 강조하는 십자가 신학을 제시하고 있다. 중세의 스콜라주의는 인간의 도덕적 노력과 이성적 추론에 의하여 하나님 인식으로 나아갈 수 있다고 보았다.

이것은 인간의 종교적 사색이나 행위의 의를 통하여 하나님에게 직접 나아고자 하는 인본주의적 시도이다. 이것은 인간으로부터 하나님에게로 상승하는 구조를 갖는다. 그러므로 이는 영광의 신학이다. 영광의 신학은 하나님을 공개적인 신적 능력, 지혜와 영광 속에서 하나님을 직접적으로 인식하고자 한다. 영광의 신학은 인간을 윤리적 행위자, 하나님 앞에 율법의 이행자로서 내세운다.

그래서 도덕적 행위주의를 정당화한다. 도덕주의와 합리주의에 기인하여 세상의 지혜란 인간의 도덕성과 이성의 능력을 말하며, 여기서 인간은 자기의 공로를 통하여 하나님에게로 나가고자 한다. 이것은 영광의 신학이다. 영광의 신학은 십자가에 달리시고 십자가에 감추어져 있는 하나님을 알지 못한다. 왜냐하면 세상의 영광과 인정을 얻으려고 하기 때문이다. 루터는 이러한 인간의 방법으로는 하나님에게 다가갈 수 없다고 선언한다. 인간이 하나님에게로 나아갈 수 있는 길은 전적으로 하나님의 은총에 달려 있다. 세상은 그리스도 안에 있는 하나님을 보기를 원치 않는다. 세상은 그리스도를 십자가에 달린 약하고 무능한 자로 보기 때문이다.

애당초 루터의 95개 반박문은 당시의 학자들 간의 토론을 위해 내걸었던 것인데 인쇄술의 발달로 인해 대량으로 인쇄되어 '마치 천사들이 전령이 된 것처럼' 순식간에 전 독일로 퍼져 나갔을 뿐 아니라, 전 유럽에 미치게 되었다. 95개 논제 발표 후 5개월이 지난 1518년 4월에, 로마가톨릭교회는 한 이름 없는 수도사의 주장 안에서 점차 비등하는 폭발력을 잠재우기 위해 그로 하여금 하이델베르크에서 열리는 아우구스티노 수도회의 독일 분회에서 자신의 신학을 소개하도록 요청하였다. 그러나 이 모임은 루터의 주장을 결코 억누를 수 없었다. 오히려 그의 바르고 강한 주장은 아우구스티노 수도회의 수도원 담을 훌쩍 넘어서 온 세상에 메아리로 번졌으며, 면죄부 판매 논쟁을 한층 더 고조시켰다.

하이델베르크 논쟁에서 루터는 고난과 십자가를 통해 하나님을 인식할 수 있다는 '십자가 신학'을 발표하여, 스콜라주의 영광의 신학, 즉 힘과 정복을 추종하던 당시 로마가톨릭교회의 신학을 비판하였다. 그의 십자가 신학은 인간은 구원을 받을 만한 도덕적 능력이 있다고 주장하던 영광의 신학을 부정하고, 하나님의 은혜에 의한 구원을 주장함으로써 하나님의 자비와 은혜를 강조한 은혜의 신학이기도 하였다.

루터는 계속해서 십자가의 신학이 영광의 신학에 비해 왜 다른가를 다음과 같이 조명하고 있다. 하나님의 보이는 것, 즉 그의 뒷면을 볼 때에 하나님의 영광의 모습이 아니라 고통과 십자가를 통한 희생의 모습을 보게 된다. 이것이 십자가의 신학이다. 영광의 신학에 의하면 모세는 하나님을 보여달라고 간구한다. 이에 하나님은 모세에게 말씀하신다: "네가 나의 얼굴을 보지 못하리니 나의 얼굴을 보는 자는 살지 못하리라"(출33:20). 하나님은 모세를 바위틈에 두시고 그의 영광이 지나가기까지 모세를 그의 손으로 덮으신다. 모세는 하나님의 뒷면만을 보고, 그의 영광의 얼굴을 보지 못한다. 십자가의 신학은 하나님의 뒷면 속에 숨겨져 있는 십자가의 희생을 가리키는 신학이다.

십자가 신학은 그리스도의 십자가와 신자의 십자가를 하나님 인식의 기준으로 제시한다. 십자가의 신학은 하나님이 숨어 계신 처소, 즉 약하심, 미련함 속에서 하나님을 간접적으로 인식하고자 한다. 십자가의 신학은 인간을 고난과 수난으로 부름 받은 자로 이해한다. 그리하여 이 십자가는 하나님 앞에 서는 인간을 무능화한다. 인간이 스스로 무엇을 하는 대신에 오히려 하나님이 모든 것을 인간 속에 행하시도록 한다. 인간은 순수하게 하나님의 공로와 은혜를 수용하는 자가 된다. 십자가 신학은 영광의 신학의 기준에 따르면 고난, 즉 악함과 미련함 속에서 하나님을 인식한다.

루터는 "인간들이 하나님의 사역들로부터 하나님의 인식을 오용하였기 때문에 하나님은 다시 고난으로부터 인식되기를 원하며, 보이지 않는 본성의 지혜는 보이는 본성의 지혜를 통해서 폐기되기 원하신다."고 한다. 루터에 의하면 하나님의 계시됨과 십자가 속에 그의 감추심은 대립된다. 루터에 의하면 십자가에 달리신 그리스도 안에 진정한 신학과 진정한 신 인식이 있다. 십자가는 자연신학과 자연적인 에토스

(ethos)의 자기의식을 깨뜨린다. 십자가는 인간의 성공이나 번영의식을 깨뜨린다. 하나님은 그리스도의 죽음 속에서 우리를 만나신다. 그래서 인간은 그리스도의 죽음을 자기의 죽음으로 경험한다. 세상의 지혜로는 하나님을 알 수 없고 그리스도의 십자가만이 하나님의 지혜이다. 이에 반하여 십자가에 못 박힌 그리스도는 세상의 지혜에는 감추어져 있다. 여기에는 하나님의 연약하고, 우둔한 것이 나타나 있다.

십자가 신학은 십자가에 달리신 십자가에 감추어진 하나님을 증언한다. 이것은 오로지 겸허하고 가난한 마음을 통하여 가능하다. 십자가는 하나님의 은폐이다. 왜냐하면 십자가는 하나님의 능력이 아니라 하나님의 무능을 드러내기 때문이다. 하나님의 능력은 직접적으로 계시되지 않고 역설적으로 그의 무능과 낮아지심 속에서 드러나기 때문이다.

루터가 말하기를 하나님의 은혜는 그의 진노 속에 감추어져 있으며, 하나님의 선물과 복은 십자가 아래, 말하자면 "불행과 재난" 아래 감추어져 있다고 했다. 하나님의 진리는 세상의 눈에는 거짓으로, 세상의 거짓은 진리로서 나타난다. 십자가 신학의 사고에 의하면 하나님은 수천 명, 수만 명이 모여서 열광하고 설교자가 스타처럼 청중의 환호성을 자아내게 하는 설교단에 계시기보다는 인간적으로는 너무나도 초라한 소수의 무리들이 가난한 마음을 가지고 간절히 말씀을 듣는 세상적으로는 너무나도 초라한 설교단에 임재해 계신다. 설교자가 마치 황제처럼 청중들을 종교적 열광으로 몰아가고 번영과 성공을 나누어 주는 설교단이 아니라 청결한 마음을 지닌 소수의 청중에게 재난과 어려움과 질병 가운데서 하나님을 바라보도록 하는 진실한 설교단에 하나님은 임재해 계신다.

　루터는 십자가 신학을 강조하면서 영광의 신학을 배제해야 된다고 주장한다. 영광의 신학은 통찰력을 갖고 있지도 합당한 신학도 아니다. 실제로 자연으로부터 출발하여 하나님을 인식할 수 있다고 생각하는 신학자는 그리스도를 모르므로 고통보다 행적을, 어리석음 대신 지혜를 선호하기 때문에 십자가 고통에 감추어진 하나님(Absconditus Deus)을 결코 알지 못한다. 그러한 자들은 바울에 의하면 그리스도 십자가의 원수(빌립보서3:18)이다. 실제로 그들은 십자가의 고통을 혐오하고, 업적들과 그 영광을 좋아하며, 그리하여 십자가의 선을 악이라, 악의 행업을 선이라 부른다. 사람들은 자기 행업들에서 추론된 하나님에 대한 인식을 남용했기 때문에 하나님은 그와 반대로, 즉 당신의 고통을 통해 인식되기를 원하셨고, 또 그리하여 가시적인 것에서부터의 인식을 새로이 입증하셨다. 이는 하나님이 당신 자신의 행적 안에서 자신을 나타내는 분으로 고통 안에 자신을 감추시는 분으로 예배하도록 하시기 위한 것이다. 그러므로 어느 누구라도 그런 자들이 하나님의 자기 비하와 십자가 사건을 인식하는 것은 충분하지 않고, 그것은 전혀 도움이 되지 않는다. 이리하여 하나님은 이사야 예언자가 말한 대로, 지혜롭다는 자들의 지혜를 배척하신다. "야훼 당신은 진정 숨어 계신 하나님이십니다."(이사야 45:15)

　교황청은 아우크스부르크에서 추기경 토마스 카예탄(Thomas Cajetan)

이 그를 심문하도록 주선하였다. 토마스 카예탄은 1518년 10월 12일 ~15일에 소환당한 그에게 면죄부에 대한 교황의 교령을 가리키면서 면죄부를 승인한 교황의 권위에 순종해야 한다고 위협하였다. 루터는 교황과 그리고 공의회가 인간의 행위로 오류를 범할 수 있기 때문에 기독교 신앙의 최종적인 권위는 교회가 아닌, 성서가 가진다고 반박하였다. 그리고 죄인이라는 신분이 바뀌는 것은 아니지만, 하나님께서는 그리스도에 대한 믿음을 보시고 그리스도인을 의로운 사람으로 인정해 주신다는, 루터의 표현대로 수동적인 의인 칭의론(이신칭의)도 굽히지 않았다. 카예탄은 결국 루터로부터 '나는 뉘우친다'는 말을 얻어내지 못하자 선제후 프리드리히 3세에게 편지를 써서 루터를 "로마로 넘기거나 영지로부터 추방"하라고 위협 섞인 강권을 하였지만, 선제후는 루터를 보호하였다.

그는 선제후가 루터를 추방하라는 카예탄의 요구를 이미 거부한 것을 모르고 루터를 추방하거나 로마로 압송할 경우 선제후에게 있을 유익을 선전하였다. 그리고 루터를 만날 수 있도록 허용해 줄 것을 요청하였으며 이 요청에 따른 만남은 허락되었다. 회합을 가진 두 사람은 이제 이후로는 피차 공적으로 침묵하기로 약속을 하였다. 그러나 잉골슈타트 대학교의 교수 요한 에크가 침묵을 깨고 루터를 공격하자 루터와 에크의 논쟁은 다음 네 가지로 구분되어 논쟁을 하게 되었다.

1. 교황의 기원과 권위에 관한 것. 에크는 교황권이 하나님으로부터 나온 것이므로 교황에 순종해야 한다고 주장하였다. 그러나 루터

는 교황의 권세는 위조문서인 이시도리안 교령집에 기초하여 세워졌으므로 허위라고 반박하였다.

2. 성경의 권위에 관한 것. 루터는 오직 성경만이 신앙의 도리와 생활의 규범이 되므로 성경의 가르침에 따라 교회를 개혁하자고 외쳤다. 반면 에크는 '오직 성경' 사상은 중세 말 현대주의 사조를 따르는 이단들의 주장이라고 지적하며 루터를 이단이라고 몰아세웠다.

3. 연옥에 관한 것. 에크는 연옥사상이 마카비 2서 12장 45절에 나오므로 성경적인 것이라고 주장하였으나 루터는 마카비서가 성경이 아니라 외경에 불과하다고 하므로 신적인 권위가 없고, 따라서 연옥교리는 잘못이라고 지적하였다.

4. 면죄부와 고해성사. 에크는 면죄부와 고해성사가 교회 전통에 근거한 것이므로 교회가 따라야 한다고 주장하였다. 루터는 교회의 전통이 인간에게서 비롯된 것이므로 잘못될 수 있고, 오직 성경만이 오류가 없으며, 면죄부와 고해성사는 성경의 교훈에 배치되는 것이라고 반박하였다.

이 논쟁을 계기로 해서 루터는 작센 공국의 작센 공 게오르크와 대립되었으나, 한편 그의 단호한 태도는 멜란히톤 같은 이를 우군으로 얻었다. 라이프치히 논쟁(루터와 그의 친구 엑크와의 논쟁)은 루터에 대한 기대도 증대시켰고 그에 대한 공격도 가속화 시켰다. 엑크는 라이프치히 논쟁에 대한 보고서를 통해 루터의 출교에 대한 교황의 교서를 이끌어 냈다. 1520년 6월 24일 발표된 교서 〈주여! 일어나소서!〉에서 교황 레오는 뉘우칠 수 있는 60일간의 말미를 주고 이 기간 안에 루터가 자신의 주장을 철회하지 않으면 그와 동료들을 모두 파문할 것이라 위협하였다. 교서는 루터의 작품 중에서 41개 발언들을 열거하면서 "이단적이고 위법적이며 거짓"이라고 단죄하고, 루터의 모든 저서를 불태울 것을 명령하였다. 루터는 자신의 책들이 뢰번에서 불탄 사건 이후 그리고 파문 위협을 담은 교서가 아직 비텐베르크에 도착하기 전, 성城의 엘스터 문 앞에서 학생들과 함께 교황의 교서뿐만 아니라 로마교회 법전의 화형식을 12월 10일 거행했다. 이로써 루터와 로마 사이의 관계는 회복되기 어려울 정도로 악화되었다. 드디어 도착한 교황의 화형 영장은 루터를 분개하게 했다.

"나의 이 말은 진리의 말, 건실한 말이며, 인간의 능력으로 가능한 한 충실히 땅 위에 하나님의 진리를 장려하고 인간의 영혼을 구하려는 것이다. 그런데 그대는 현세에서의 하나님의 대리인이라면서 사형 집행인과 화형으로 대답하는가? 하나님의 말씀을 그대에게 전하려 한 까닭으로, 나와 내 진리의 말을 화형에 처하려는 것인가? 그대는 하나님의 대리인이 아니라, 악마의 대리인이라는 생각이 든다. 그대의 교서라는 것은 종이를 더럽힌 거짓말이다. 그것이나 태워 버려라. 그대는 그대가 하고 싶은 대로 할 것이다. 나는 이렇게 하겠다."며 교황의 화형 영장을 태워 버렸다.

루터를 최종적으로 파면하는 교황의 교서 〈로마 교황은 이렇게 말한다〉는 1521년 1월 3일 로마에서 공포되었다. 자신에 대한 파문은 루터의 영혼 깊숙이 상처를 내었다. 사실 루터는 면죄부 논쟁이 한창 진행 중일 때에도 교황에 전적인 충성을 바치고 있었다. 그는 면죄부의 오용들로부터 로마 교황을 보호하는 일이 바로 그 권위를 세워 주는 것이라고 믿었다. 그러나 교황청이 로마교회를 적그리스도에게 넘겨주었다는 확신이 서게 되자, 그때 루터는 비로소 교황청에 반격을 결심한 것이었다. 따라서 루터가 과거와의 관계를 끊은 것은 급작스레 한 일이 아니었다. 그는 이 관계에서 돌아선 것은 자기가 아니라고 하였다. 오히려 자기는 철저히 외면을 당하였으며 세 번이나 출교를 당하였다고 하였다.

1518년 슈타우피츠는 수도원에 대한 순종의 서약으로부터 루터를 풀어주면서 아우크스부르크에 혼자 내버려두었다. 그리고 나서 교황이 자신의 교회로부터 루터를 끊어 버렸고, 마지막으로 황제가 그의 제국으로부터 끊어 버렸다. 그러나 주님은 루터를 영접하셨다. 보름스에 1521년 4월 16일 도착한 루터는 다음날 첫 번 청문회에 참석하였다. 트리어 대주교의 고문관은 루터에게 두 가지 질문에 답하도록 물었다.

> "그대의 이름으로 출판된 이 책들을 그대의 것으로 인정하는가?"
> "그대는 이 책들에서 쓴 내용을 철회할 준비가 되어 있는가?"

첫 번 질문에 루터는 자신의 책들이라 시인하고 자신이 쓴 책들이 더 있다고 대답했다. 두 번째 질문에 루터는 하루의 여유를 구했다. 루터는 4월 17일 저녁에 비엔나의 요하네스 쿠스피니아누스에게 그날과 다음날의 일에 대해 편지를 썼다.

> "이 순간 나는 황제와 사절들 앞에 서서 철회할 것인가 하는 질문을 받았다. 내일 나는 철회에 대한 답변을 할 것이다. 생각할 시간을 달라는 요청은 받아들여졌지만, 이 하루 이상은 허락이 안 될 것이다. 그러나 나는 그리스도께서 내게 은혜를 베풀어 주시는 한 영원히 한 글자도 철회하지 않을 것이다."

다음날(4월 18일) 루터는 황제 앞에서 담대히 대답했다.

> "성서의 증거함과 명백한 이성에 비추어 나의 유죄가 증명되지 않는 이상 나는 교황들과 교회 회의의 권위를 인정하지 않겠습니다. 사실 이 둘은 오류를 범하여 왔고 또 서로 엇갈린 주장을 펴왔습니다. 내 양심은 하나님의 말씀에 사로잡혀 있습니다. 나는 아무것도 철회할 수 없고 또 그럴 생각도 없습니다. 왜냐하면 양심에 반해서 행동하는 것은 안전하지도 못할 뿐만 아니라 현명한 일도 아니기 때문입니다. 하나님이여, 이 몸을 도우소서, 아멘."

영국의 역사학자 토머스 칼라일은 루터가 보름스 국회에 죽음을 무릅쓰고 출두한 일을 유럽 역사상 최대의 장면이며, 보름스 회의에서 자신의 주장을 철회하지 않겠다고 말하는 이 장면을 인류의 근대 역사에서 가장 위대한 순간이라고 평가했다. 루터의 행위는 두려움 없는 최고의 용기가 무엇인지를 보여주고 있다고 말할 수 있다. 카를 5세 황제는 루터에 대한 신분 안전 보장의 약속을 지키려 했다. 그래서 루터가 3주 이내로 비텐베르크로 돌아갈 것과 도중에 설교와 저술을 하지 말 것을 명령하였다. 루터는 아무도 모르게 동료들과 함께 보름스를 떠났다. 길을 가던 중 루터는 프리드리히 3세가 미리 주선한 대로 위장 납치되어 바르트부르크 성으로 갔다.

루터는 바르트부르크 성에서 '강제된 휴가'를 어떻게 지내야 할지 알았다. 그는 이 기간을 성서 주석, 로마가톨릭 학자들과의 서면 논쟁, 논문 저술뿐만 아니라 신약성서의 번역에 사용하였다. 루터가 번역한 독일어 성서는 1522년 9월에 출판되었기 때문에 '9월성서'로 불리게 되었다. 루터의 독일어 성서 번역은 독일 기독교인들을 교회의 권위에서 해방하고, 독일어 발전에 이바지한 신학적, 언어학적으로 중요한 사건이다. 독일 종교개혁 이전에 사용된 성서는 라틴어 성서였으므로 소수의 귀족과 성직자만이 읽을 수 있었는데, 성직자들은 이를 악용하여, 기독교인들을 자신들의 목회적 필요에 따라 조종할 수 있었다.

하지만 루터가 고지 독일어로 성서를 번역하면서 누구나 성서를 읽을 수 있게 되어, 독일 기독교인들은 성직자들의 지배에서 벗어나 자유롭게 성서를 읽고 그들의 이성으로 이해할 수 있게 되었다. 또한 루터가 성서 번역에 사용한 고지 독일어는 현대의 표준 독일어가 되었기 때문에, 루터의 성서 번역은 독일어와 문법이 통일되는 계기가 된 사건이기도 하다. 루터는 성서 번역을 훌륭히 수행하여 '독일의 나이팅게일들이 로마의 방울새들만큼 노래를 아름답게 부를 수 있다'는 것을 만천하에 보여주고자 했다. 이것을 위해 보통 사람들의 언어를 사용하려고 상당한 관심을 기울였는데 슈팔라틴에게 보낸 편지에서 그의 성서 번역의 원칙을 알 수 있다.

"우리들은 당신에게 때때로 적합한 단어를 물어볼 것입니다. 그러나 우리들에게 단순한 말을 가르쳐 주십시오. 궁정이나 성 안에서 쓰는 말은 사절합니다. 왜냐하면 이 책은 단순성으로 유명해져야 하기 때문입니다."

루터의 독일어 성서가 구텐베르크의 인쇄술 덕분에 빠르게 보급됨으로써 기독교인들은 성서를 성직자의 해석을 거치지 않고도 그들의 이성으로 이해하게 되었다. 이러한 역사는 성서를 축자영감설 등의 경전적 해석에서 벗어나, 사회학, 수사학, 사본들과의 비교, 역사 등의 학문적인 방법들을 이용하여 객관적으로 이해하려는 성서비평이 태동하는 거름이 되었다.

루터의 종교개혁은 1517년~1520년 사이에, 로마가톨릭교회와의 단절 과정을 겪었으나, 한편 개혁 진영 내부 세력들과의 차별화 과정도 겪었다. 먼저, 농민들을 중심으로 한 급진적 개혁 운동과의 차별화(1521년~1525년), 다음으로는 에라스뮈스 그리고 인문주의자들과의 차별화(1524년~1525년) 과정이 있었다. 이러한 과정들은 농민, 토마스 뮌처, 인문주의자들에게 루터가 외면을 받게 함으로써 종교개혁의 급속한 발전을 막는 결과를 가져오기도 했지만 다른 한편으로는 하나님의 은혜에 대한 복음이 열광주의적 신비주의라든가, 인문주의적 계몽, 그리고 사회정치적 급진주의로 오해되는 것을 막는 결과를 가져왔다.

이 과정들에 있어서 공통점은 루터가 오로지 하나님의 말씀만을 의지하였다는 것이다. 성서가 정경화를 통해 등장하기 전에는 교회가 있었다는 이해에 따라 교회와 전통의 권위를 성서 위에 올려놓은 로마가톨릭교회에 대해 루터는 '성서만으로'를 주장하였고, 인간의 종교적 경험을 강조하는 열광주의자들의 주관적인 계시 이해에 대해서는 성서의 객관적인 말씀을 주장하였으며, 에라스뮈스의 인문주의에 대해서는 성서가 말하는 확실성을 주장하였고, 복음을 정치적으로 해석한 농민혁명에 대해서 복음은 오직 양심만을 상대한다고 하였다.

루터는 42세이던 1525년 6월 13일 결혼을 했다. 신부는 16년 연하의 전직 로마가톨릭교회 수녀인 카타리나 폰 보라였다. 루터는 자신의 결혼의 목적이 늙은 아버지에게 자손을 안겨 주기 위해서, 또한 결혼을 머뭇거리는 사람들에게는 자신의 설교를 몸소 실천하면서 본 보이기 위해서라고 하였다.

> "나는 내가 가르쳐 온 것을 실천으로 확증하고 싶었다. 왜냐하면 나는 복음으로부터 오는 그렇게 커다란 빛에도 불구하고 수많은 소심한 이들을 보기 때문이다. 하나님은 이 행동을 뜻하셨고 또 일으키셨다. 왜냐하면 나는 '사랑에 빠졌다'거나 욕정으로 불타는 것도 아니기 때문이다. 그러나 나는 내 아내를 사랑한다."

그러나 루터가 결혼하겠다고 했을 때 모두 다 반대하였다. 동료들은 루터가 결혼하면 온 세상과 마귀가 웃을 것이며 그 자신이 그동안에 이루어 놓은 일을 다 헛수고로 만들 것이라고 걱정하였다. 특히 농민전쟁의 와중에서 그의 결혼 선언은 놀라움으로 받아들여졌다. 그러나 루터는 종교개혁과 함께 복음이 전파됨으로써 사탄이 마지막 공격을 하고 있다고 믿었다. 독일 농민들이 영주들의 착취에 저항하여 일으킨 독일 농민전쟁도 처음에는 동정적인 모습을 보였으나, 나중에는 복음을 독재체제로 왜곡시키려는 사탄의 공격이라고 주장하여 영주들에게 강경 진압을 요구하였다. 지금까지 교황은 세속 권력에 대한 우위권을 주장하였는데, 이제 농민들은 정치적 권력을 얻기 위해 복음의 이름으로 칼을 손에 쥐었다는 게 루터의 생각이었다.

자신이 태어난 아이슬레벤에서 63세로 사망하였다. 이때 그는 만스펠트의 백작들 사이에 있었던 법적 논쟁을 중재하러 가 있던 중이었다. 루터가 사망하던 밤 의사와 그의 친구들이 그의 임종을 지켜보았다. 루터는 다음 성경 구절을 계속 암송하고 있었다.

"하나님께서 세상을 이처럼 사랑하셔서 그의 독생자를 주셨으니 이는 그를 믿는 사람은 누구든지 멸망하지 않고 영생을 얻게 하려 하심이니라."

새벽 세 시가 가까워 요나스 박사는 마지막이 이른 것을 알고 그에게 물었다. "선생님은 선생님께서 가르치신 교리와 그리스도 위에 굳건히 서서 돌아가시겠습니까?" 루터의 몸이 움직이면서 큰 소리로 대답하였다. "예." 루터의 유해는 비텐베르크로 옮겨져 만인 성자 교회에 안치되었다. 루터는 음악이 신학 다음으로 하나님의 가장 큰 선물이라고 하였다. 음악은 신학과 닮은 점이 많은데 특히 영혼을 고치고 영들을 소생시키는 데 있다고 하였다. 음악이 없으면 인간은 목석과 마찬가지이지만 음악이 있으면 마귀를 멀리 보낼 수 있다. 루터는 이것을 영적인 고통 가운데에서 직접 경험하였다.

> "음악은 나를 자주 소생시켜 주고 무거운 짐으로부터 해방시켜 준다.
> 그러나 음악을 멸시하는 '열광주의자들'은 음악의 이 유익을 몰랐다. 그들
> 은 오르간을 마귀의 유산으로 치부했다. 그러나 음악은 하나님의 선물이
> 요 축복이다. 음악은 또한 마귀를 몰아내주고 사람들을 행복하게 만든다.
> 음악은 사람의 모든 분노, 음란, 교만, 그리고 모든 악을 잊게 해준다. 나
> 는 음악을 신학 다음으로 중요하게 보며 무한히 아낀다."

한편 루터는 로마가톨릭교회에서 한정된 이들에 의해서만 사용되
어 오던 성가를 만인의 소유물로 돌려주었다. 이전의 그레고리오 성
가에서는 미사 때 회중은 잠잠히 있고 성가대의 전문가들만이 영광송
(Doxology)을 번갈아 불렀다. 그러나 루터는 일반 회중도 찬송을 부를
수 있게 전례 즉, 예배 양식을 개혁하였으며 〈내 주는 강한 성이요〉를
비롯하여 많은 찬송곡을 작사, 작곡하였다. 그의 곡들은 '코랄'이라는
장르로 자리 잡는다. 그는 자신의 '작고 못생긴 목소리'를 불평했지만
플루트와 류트를 연주하는 능수능란한 음악가였다.

루터는 사람을 움직이는 성가의 능력을 믿었다. 성가는 보통 사람들
뿐만 아니라 배운 이들에게도 성경과 같은 것이기 때문에 가장이 가족
에게 찬송을 부지런히 가르쳐야 한다고 했다.

루터가 살던 시대에 개신교 목사들의 수준은 낮았다. 개신교 목사들
은 부패하고, 부도덕했으며, 주정뱅이, 직접 술집을 운영하는 자도 있

었다. 교인들이 연보를 하지 않아 생계에 어려움이 있는 성직자들도 있었다. 루터의 종교개혁 동지인 멜란히톤은 1528년 3월 〈선제후령 작센의 교구목사 시찰자를 위한 지침서〉를 제작하여 교구목사들을 교육하고자 했다. 영방에 소속된 개신교 교회에서는 목사들이 국가에 소속된 공무원과 같은 성격을 가지게 되었고, 성서와 신앙을 가르칠만한 역량을 갖춘 성직자가 필요하다는 주장이 있었다. 비텐베르크 대학교의 신학자들이 주관하는 성직고시를 합격하고, 대학교 교육을 받아야 했으므로 개신교 성직자들의 수준이 높아졌다.

루터의 영향은 독일은 물론 유럽 전역에 걸쳐 퍼져 나가고 루터의 신학과 사상을 따르는 사람들이 교회를 세우기 시작했는데 자연적으로 루터교회라고 불리기 시작했다. 루터교회(Lutheran Church)는 16세기 마르틴 루터의 사상을 따르는 개신교 교파이다. 루터교회는 개신교의 장자 또는 효시임을 자임하고 있다. 종교개혁에서 중요한 신학적 배경을 형성하였다. 특히 초대교회와 공교회의 전통을 따라 서방교회를 개선하고자 하는 신학적 개선주의, 즉 개신교 공교회주의를 형성하는데 기여하였다.

마르틴 루터는 원래 새로운 교파를 세우려고 하지는 않았다. 그가 애초에 비텐베르크 만인성자교회 게시판에 내건 95개 논제는 당시 로마를 중심으로 하는 서방교회 전역의 개혁을 위한 것이었다.

그동안 교회 안에 들어온, 성경적 근거 없는 미신과 풍습들을 정화시키고 기독교의 순수한 신앙을 고찰하고 이를 고치려 했다. '루터란'이라는 명칭은 루터를 비판하는 이들이 루터파를 "루터를 따르는 똘마니"라고 경멸하는 말로 사용하였는데, 나중에는 이 말이 루터교회 스스로도 자신들을 가리키는 이름으로 굳어지게 되었다. 그 이후 루터교회는 북유럽을 중심으로 전 세계로 퍼지게 된다. 루터교회는 사람의 이름을 사용하고 있으나 처음부터 그런 것은 아니었다. 루터 자신도 그를 따르는 사람들에게 자기 이름 '루터'를 붙여서 부르는 것을 극구 반대하였다.

루터는 사람들에게 자기 이름을 더 이상 언급하지 말아 달라고, 그래서 우리들을 루터교인이라 부르지 말고 그리스도인이라 불러 달라고 하였다. 루터가 무엇인가?

"내 교리는 확실히 나의 것이 아니다. 내가 누구를 위해 십자가에 못 박히지도 않았다. 사도 바울은 고린도전서 3장에서 자기들을 바울파 혹은 베드로파라 부르지 못하게 하였다. 도대체 이 약하고 추한 시체 같은 내가 어떻게 그리스도의 자녀들에게 나의 쓸모없는 이름에서 유래한 이름을 붙이겠는가? 아니, 안 된다. 나의 친구들이여, 모든 파당의 이름을 제해 버리고 우리들을 그리스도의 교리를 가지고 있는 그 분의 이름을 따라 그리스도인이라 불러 주시오."

"루터교는 온 세상의 그리스도의 교회는 하나임을 믿습니다. 교회에 관하여 우리는 다음과 같이 가르칩니다. 하나의 거룩한 교회는 영원히 계속될 것입니다. 이 교회는 복음이 순수하게 설교되고 성례전이 바르게 집행되는 성도의 회중입니다. 그리고 교회의 참 일치를 위해서 복음의 가르침과 성례전의 집행에 대하여 일치하는 것으로 충분합니다. 인간의 전통,

곧 인간이 만든 의식이나 예식이 어디서나 같아야 할 필요는 없습니다(아우구스부르크 신앙고백서, 제7조). 믿음도 하나이요 세례도 하나이요 하나님도 하나이시니 곧 만유의 아버지시라."(에베소서 4:5,6)고 사도 바울이 말한 것과 같습니다."

16세기 종교개혁 이후 루터교회는 독일 루터교회에서 유럽 루터교회로 발전하였다. 1525년 이후 프로이센, 1527년 이후 북구 제국 스웨덴과 핀란드, 1537년 이후 덴마크와 노르웨이, 1539년 이후 아이슬란드와 그리고 발트해의 여러 국가들(1523~39) 등에서 독보적인 위치를 차지하였으며 그 외 일부 동부 유럽 지역으로 전해졌다. 독일에서는 종교개혁 이후 17세기 말까지는 루터교 정통주의의 시대이다. 이후 정통주의는 경건주의로 대체되었고, 경건주의 다음으로는 계몽주의가 뒤따랐다. 19세기 이후로 루터주의는 여러 다양한 신학 조류에 따라 조금씩 변화되곤 했다. 북유럽의 루터교회는 고교회파(High Church)인 성공회의 전통을 따르며 모든 면에서 사실상 성공회와 거의 흡사하다. 그래서 북유럽의 루터교는 대체로 주교제 교회로서 유지되며 주교, 사제, 부제의 삼성직을 유지하며 성직자에 대해 한국과는 달리 신부(사제)라는 호칭을 쓴다.

아메리카 대륙과 오세아니아 지역에서의 루터교는 주로 유럽으로부터 이민자들이 유입되면서 세워지기 시작하였다. 유럽에서 일부 루터교도들은 미국으로 이민을 하였다. 이들은 초기에는 유럽선교협의회들로부터 온 목사들의 목양을 받았다. '미국 루터교의 아버지'라고 불리는 뮐렌베르그는 1742년 프랑케 할레선교회에서 파송되어 온 후, 북미의 루터교도들을 하나의 신앙고백으로 연합시키고 순수성을 보존하려고 힘썼다. 그는 루터교도들을 조직하는데도 큰 역할을 담당하여 1748년 미국 최초의 루터교 대회가 열리게 되었다.

루터교회는 유럽뿐만 아니라 아시아와 아프리카에도 전파되었는데 대부분의 교회는 주로 유럽과 미주 지역에서 선교사를 파송하여 세운 교회이다. 두 대륙 가운데서도 아프리카의 탄자니아 등 일부 국가와 아시아의 인도네시아 교회는 괄목할 만한 성장을 보여주었다.

한국에 최초로 들어온 개신교 선교사 카를 귀츨라프(Karl Friedrich August Gützlaff)는 루터교 목사였다. 1832년 7월 17일 황해도 몽금포(현재 황해도 용연군 소속)에 도착하였다. 그는 체류 기간 동안에 주민들에게 감자와 한문 성경을 주었고 주기도문의 한글 번역을 시도했다. 본격적인 한국 선교는 1958년부터였다. 최초의 한국인 루터교 목사 지원용과 세 명의 미국 루터교회 미조리시노드 소속 선교사가 입국했다. 이때 설립된 루터교회가 기독교 한국루터회이다.

루터교세계연맹(LWF)은 1947년 세계 루터란들 사이의 공존과 협조를 발전시키기 위하여 설립되었다. 복음 전파와 기타 교회의 사명을 수행하는 데 있어서 여러 루터교회들과 그룹들을 지원하며 한편으로, 기독교의 가시적 일치와 그리스도의 제자로서의 삶을 실천하려는 진보적 기독교 운동인 에큐메니컬 운동에 대한 관심과 참여를 고양시켰다. 그 외에도 공동체로서 사회적, 경제적 정의와 인권을 증진시키는 데 노력하고 있다. 현재 세계 124개국의 루터교회가 회원 교회로 가입하여 참여하고 있으며, 전 세계 루터란의 94% 이상이 그 회원이다. 그 본부는 세계교회협의회(WCC) 본부와 함께 스위스 제네바에 있으며, 한국 루터교회는 1972년에 가입하였다.

루터파교회는 칼뱅의 개혁파교회와 성찬론 등을 통해 충돌하면서, 네덜란드의 항변파(아르미니우스 파)를 돕는 후원자의 역할을 자처하였다. 따라서 개혁파와의 관계는 좋지 않았으나 개혁파교회 등과의 교단 연합을 위해서 많이 노력하였다.

루터의 사상은 영국 종교개혁에도 영향을 주어(1520년대), 아우구스부르크 신앙고백은 영국성공회 39개조 신조의 원천 자료가 되었다. 독일에서 루터교는 정통주의와 경건주의를 거치며, 루터 고유의 사상에서 벗어났고 자유주의 신학을 만나면서 자유주의 신학의 본산이 되었다. 현재 루터교에는 위르겐 몰트만과 판넨베르크 등의 계승자들이 있어 교회일치운동(WCC)에 적극적이며, 로마가톨릭교회와 칭의론에 대하여 일치 협약을 맺은 상황이다. 루터교 중에서도 북유럽의 루터교는 성공회와 아주 가까이 지내면서 사제들을 교환하기도 한다.

종교개혁의 5대강령(Five Solas)은 종교개혁 당시 처음 등장한 기독교의 다섯 가지(라틴어) 표어다. 마틴 루터는 진리를 판단하는 최종 권위는 교회가 아니라 '오직 성경'이며, 구원은 인간의 행위가 아니라 하나님의 '오직 은혜'에 근거한 것으로 '오직 믿음'을 통해서만 받을 수 있다고 설파했다. 다시 말해서 루터의 Sola Scriptura(오직 성경), Sola Gratia(오직 은혜), Sola Fide(오직 믿음)의 3대 강령에다가 존 칼뱅은 Solus Christus(오직 그리스도), Soli Deo Gloria(오직 하나님께 영광)을 더해 종교개혁 5대 강령을 완성하였다.

1. Sola Scriptura(오직 성경)

성경은 하나님의 영감으로 써진 권위 있는 말씀이며 기독교 교리의 유일한 원천이다. 따라서 성경은 그리스도인의 유일한 최종 권위이며, 가톨릭교회의 교리나 교부들의 가르침보다 우선한다. 성경은 누구에게나 공개되어 있고, 문체가 명료하며, 자기 해석을 가능하게 한다. 존 맥아더 목사는 다음과 같이 성경의 중요성을 강조한다. "가톨릭 변증학자들이 5대 강령 중 '오직 성경'을 거칠게 공격하는 이유는 이 교리만 무너뜨리면 종교개혁자들의 다른 원칙들도 쉽게 무너뜨릴 수 있기 때문이다."

2. Sola Gratia(오직 은혜)

구원과 관련해 본질상 죄인인 인간이 하나님께 요구할 것은 아무것도 없다. 다른 말로 하면 인간의 계획, 노력, 열심으로는 구원에 이를 수 없다는 것이다. 구원은 전적으로 하나님의 주권 아래 있으며, 하나님께서 값없이 주시는 선물이다. 이것을 은혜라고 부른다.

3. Sola Fide(오직 믿음)

하나님께서 값없이 주시는 구원의 은혜는 오직 믿음으로 받는 것이다. 이것을 신학적으로는 '오직 믿음으로 의롭다 칭함을 받는다'라는 의미의 이신칭의(Justification by Faith)로 표현한다. 원래 칭의란 판사가 기소된 사람에게 무죄를 선언하는 행위를 말한다. 복음 안에서 칭의란 하나님께서 죄인에게 의롭다고 선언하시는 것이다. "너희는 그 은혜에 의하여 믿음으로 말미암아 구원을 받았으니 이것은 너희에게서 난 것이 아니요 하나님의 선물이라. 행위에서 난 것이 아니니 이는 누구든지 자랑하지 못하게 함이라."(엡 2:8—9)

4. Solus Christus(오직 그리스도)

인간은 완전히 타락한 존재로 모두 영벌을 받고 지옥에 떨어질 수밖에 없는 존재다. 인간이 천국에 들어갈 수 있는 유일한 방법은 예수 그리스도의 십자가의 죽으심과 연합하여 함께 죽었다 그의 부활하심과 연합하여 다시 사는 것뿐이다. 예수 이외의 그 어떤 신이나 성자도 구원에 도움을 줄 수 없다. "내가 곧 길이요, 진리요, 생명이니 나로 말미암지 않고는 아버지께로 올 자가 없느니라."(요 14:6)

5. Soli Deo Gloria(오직 하나님께 영광)

구원은 오직 하나님만이 시작하시고, 완성하시는 일이며 거기에 인간이 참여할 수 있는 여지는 전혀 없다. 따라서 모든 영광은 성직자나 사람이 아닌 오직 하나님께 돌려야 한다. 1536년 칼뱅에 의해 작성된 제네바 요리문답은 다음과 같이 가르치고 있다. "인생의 제일 되는 목적은 무엇입니까? 사람을 창조하신 하나님을 아는 것입니다. 그렇게 말하는 이유는 무엇입니까?" "하나님께서는 우리에게 영광을 받으시기 위해서 우리를 창조하셨기 때문입니다."

장 칼뱅(Jean Calvin : 1506~1564)

존 칼뱅

　루터의 뒤를 이어서 종교개혁을 본 궤도에 올려놓은 신학자는 바로 장 칼뱅이었다. 칼뱅은 개신교 개혁파의 선구자로 루터의 개혁파와 츠빙글리의 신개혁파와 더불어 3대 개혁파 지도자들 중의 한 사람이다. 특히 칼뱅은 신앙적으로 개혁파를 지도한 것은 물론 개혁파의 신학을 이론적으로 조직적으로 잘 정리한 공로가 있다. 그리고 루터의 개혁파를 제외한 모든 개혁파와 개혁파에서 파생된 장로교의 정치와 정책을 집대성한 종교개혁가이기도 하다.

　칼뱅은 프랑스에서 태어났으나 그의 종교개혁 운동은 주로 스위스에서 이루어 졌다. 칼뱅주의 또는 개혁주의(개혁파)는 장 칼뱅이 주창한 기독교의 사상 및 성경 해석에 관한 신학사상으로서 종교개혁을 통해 체계화되어 개신교의 주요 신학 중 하나로 자리 잡은 사상적 흐름을 가리킨다.

　'칼뱅주의'란 말은 칼뱅 개인의 사상을 가리키는 말로 쓰이기도 하나 이는 매우 드물다. 다만 그 사상이 체계적으로 정리되고 발전하게 된

데에 칼뱅이 끼친 지대한 영향에서 '칼뱅주의'란 이름이 연유되었다고 볼 수 있다. 칼뱅주의가 종교개혁 당시 개신교 주류의 신학으로 자리 잡아가면서 유럽 각지에 개혁교회가 발생하였다. 이들 개혁교회를 통해 칼뱅주의는 꽃을 피우게 되었고, 이렇게 해서 개혁교회 전통을 계승하는 교파의 하나로서 칼뱅주의를 말할 때에는 개혁주의라는 표현을 쓴다.

칼뱅주의를 표방하는 개신교 교파들로는 종교개혁 때부터 시작된 장로교와 개혁교회, 개혁 침례교회 또는 칼뱅주의적 침례교회가 대표적이다. 칼뱅주의는 문화, 경제, 교육, 정치 그리고 복지를 포함한 근대 사회를 형성하는 데 지대한 영향을 끼친 것으로 평가 받는다. 로마가톨릭교회가 성례를 강조할 때 울리히 츠빙글리는 말씀을 강조하고, 재세례파는 성령의 직접적인 조명을 강조하였지만 칼뱅주의는 말씀과 성령을 함께 강조하기에 이르렀다. 장 칼뱅의 신학은 어거스틴 및 마르틴 루터의 신학의 계승을 표방한 하나님의 절대주권론과 예정론이 가장 큰 특징 중 하나이다.

칼뱅주의라는 명칭은 1552년에 루터교 신학자가 처음 사용했다. 일반적으로는 로마가톨릭교회가 개신교 및 타 교단을 이단으로 간주할 때 그 창시자의 이름을 따서 하는 것이 관행이었지만 이 '칼뱅주의'라는 용어는 루터교 서클에서 먼저 사용되어 왔다.

또 '칼뱅주의'의 명칭은 루터교 개혁파와 나중에 등장한 새로운 개신교 분파와 구별하기 위해 생긴 것이라고도 볼 수 있다. 그들의 역사를 칼뱅으로 거슬러 올라가는 대다수의 교회(장로교, 회중주의 및 기타 칼뱅주의 교회 포함)는 '개혁파(Reformed)'라는 명칭이 특히 영어권 세계에서 더 일반적으로 받아들여지고 선호되고 있다. 이 교회들은 존 칼뱅 자신의 말에 따라 "복음의 참된 질서에 따라 새롭게 되었다."고 주장한다.

아르미니안 자유주의와의 논쟁 이후, 개신교는 아르미니안주의와 칼뱅주의 두 그룹으로 나눠진다. 그러나 오늘날 대부분의 아르미니안 교인들이 감리교, 일반침례교 또는 오순절 교회의 회원이 되면서, 아르미니안주의를 개혁주의 전통의 일부라고 부르는 것은 다소 지나친 해석이다. 루터나 쯔윙글리 등 개혁주의 신학자들아 개신교 신학의 모든 전통적인 주제를 다루고 있다면 반면에 칼뱅주의는 구원론과 예정론을 중심으로 하고 있는 점이 다르다고 할 수 있다. 이는 칼뱅주의의 다섯 가지 강령에 의해 부분적으로 요약된다. 칼뱅주의 전체가 구원을 포함한 모든 것에서 하나님의 주권관 통치를 지나치게 강조한다고 주장하는 학자들도 많이 있다.

칼뱅이 1536년에 출판한 기념비적 명저《기독교 강요(Institutes of the Christian Religion)》는 당시의 기독교(개신교)신학을 대신할 정도였다. 이 책에서 칼뱅은 개혁교회의 시각에서 그 때까지 드러난 기독교 진리를 종합적이고 체계적으로 논술하였다.

칼뱅은 주로 스위스 제네바에서 활동하였고 그와 같은 시대의 사람들 중 마르틴 루터는 주로 독일 비텐베르크에서, 그리고 츠윙글리는 스위스 취리히에서 활동하였다. 종교개혁의 열풍이 유럽 전역으로 번져가면서 개신교의 신학은 점차 칼뱅의 신학 쪽으로 기울었다. 그 결과 루터교가 주류로 뿌리내린 독일 및 스칸디나비아의 몇 곳을 제외하고 칼뱅주의가 개신교 신학의 주류로 자리 잡게 되었다. 이것이 칼뱅주의의 역사의 시작이다. 칼뱅주의의 영향을 받은 존 녹스가 스코틀랜드에 개혁주의를 전파함으로써 설립된 교회가 장로교이다. 칼뱅주의의 체계화된 신학 때문인지 모르나 오늘날까지 칼뱅주의를 표방하는 교회를 개혁교회라고 부를 뿐만 아니라 칼뱅주의 신학을 '개혁주의 신학'이라고도 부르게 되었다.

마르틴 루터의 종교개혁으로부터 시작된 개혁신앙은 여러 국가들에서 다양한 특성을 가지고 16세기에 유럽 곳곳으로 확장되었다. 칼뱅주의는 프랑스에서 개신교로서의 지배적인 위치에 서게 되었고 칼뱅주의자들은 공식적으로 용납되었다. 존 녹스의 지도력 하에 스코틀랜드 장로교회는 개혁신학의 중심이 되면서 드디어 스코틀랜드의 국가교회가 되었다. 네덜란드에서도 칼뱅주의가 공식적인 신학으로 대두되면서 어느 나라 못지않게 많은 칼뱅주의 신학자들을 배출했다.

종교개혁 동안은 칼뱅주의는 벨기에서도 중요한 개신교 신앙으로 자리를 잡았으나 그 후 반종교개혁에 의해서 약화되었다. 독일은 16세기에 주로 루터교에 머물러 있었지만, 칼뱅주의는 동유럽 개신교, 특히 헝가리와 루마니아에도 영향을 미쳤다.

칼뱅주의는 스위스에서 칼뱅을 중심으로 시작되면서, 존 녹스의 스코틀랜드 장로교회, 잉글랜드 청교도들의 장로교회(웨스트민스터 신앙고백서 1647), 회중교회(사보이 신앙고백, 1658), 개혁 침례교회(침례신앙고백 1689), 미국의 회중교회, 미국장로교회 등으로 전파되었고, 그리고 네덜란드(카이퍼, 바빙크, 벌카워), 남아공, 인도네시아 등으로도 퍼져 나갔다. 독일은 하이델베르크 교리문답서, 네덜란드는 벨직신앙고백서와 도르트 신조를 배출했다. 모두 칼뱅의 신학을 물려받은 칼뱅주의 유산들이다.

일반적인 신학자들의 견해에 의하면 종교개혁은 루터에 의해 시작이 되었다고는 하지만 종교개혁의 근간은 아우구스티누스나 크리소스톰 등의 신학에서 많은 영향을 받았고 종교개혁 직전의 개혁가, 존 위클리프에게서도 개혁정신을 이어받았다고 보고 있다.

개혁주의자들은 성경말씀에 근거하여 교회와 신학과 믿음의 삶을 항상 개혁한다는 사상을 고수하고 그리고 "개혁된 교회는 항상 개혁되어야 한다(ecclesia reformata semper reformanda)"는 정신을 공유하기도 했다. 개혁주의를 따르는 교단의 이름은 다음과 같다.

- 개혁교회(Reformed church)—독일, 네덜란드, 남아공, 미국(CRC와 RCA), 헝가리.
- 장로교회(Presbyterian church)—스코틀랜드, 잉글랜드, 미국, 캐나다, 호주, 한국.

- 회중교회(Congregational church)—잉글랜드, 미국, 호주, 캐나다, 아일랜드, 남아공
- 개혁파 침례교회(Reformed Baptist church)—잉글랜드, 스코틀랜드, 미국, 캐나다, 이탈리아, 프랑스, 스위스, 잠비야, 브라질

각 교단의 본질은 같으나 강조점이 조금씩 다르며, 민족적, 언어적, 지역적 차이와 신앙고백이 각각 다르다. 그러나 신앙고백의 핵심 사상과 일반적인 사상은 대부분 칼뱅의 신학에 근거하였으므로 거의 동일하다. 그러나 정통적 신학적인 관점에서 볼 때 어떤 하나의 특정적이고 지배적인 신학 주제는 당시의 개혁신학자들에게는 별로 환영을 받지 못했다.

성경중심신학(sola scriptura)의 관점에서 보면 루터나, 츠빙글리 그리고 칼뱅 등 모두가 성경은 흠 없고 완전하며 유일한 진리라는 논리를 확신하는 것 같다.

성경에 대한 츠빙글리의 고백을 보면 다음과 같다.

"젊었을 때 나는 당시의 다른 사람들처럼 인문교육에 너무 많은 정력을 소모했다. 칠팔 년 전에 나는 온전히 성경에 몰입하기 시작했다. 그 동안에는 철학과 신학이 그것을 막고 있었던 것이다. 그러나 드디어 나는 말씀과 하나님의 영에 의해 인도되는 지점에 도달했다. 나는 만사를 제쳐두고 하나님의 말씀으로부터 직접 하나님의 교리를 배울 필요성을 깨닫기 시작했던 것이다. 조직교회 혹은 교리위에 권위가 있고, 종교회의나 논쟁

에 있어서도 최종 심판자는 성경으로 모든 문제에 최고 권위를 말한다."

칼뱅도 그의 신학사상을 성경의 내용에서 이끌어 내려고 했다. 칼뱅은 성경은 성경으로 해석하였으며, 특히 그가 사용한 간결성과 용이성의 방법이 성경 그 자체에서 사용되었음을 칼뱅은 확신하였다. 로마서주석 초문에서 이 방법을 말한다. 루터는 성경을 통한 인간의 경험을 강조하면서 그의 신학의 주제인 이신칭의를 강조했다. 침례교는 구원의 신비를, 감리교는 죄인의 구원을, 로마가톨릭교회는 교회의 보편성을 강조하지만 개혁주의는 삼위일체 하나님의 주권과 만사가 하나님의섭리에 의해 일어난다는 사상에 중점을 두었다.

그리고 칼뱅신학의 특징 중의 하나는 계약신학이다. 이 계약신학에는 내재적 삼위일체의 개념이 간접적으로 포함되어 있다. 그에 의하면삼위일체에서 3위 인격은 인격적 관계에서 볼 때 상호관련성을 가지고 있다고 보고 있다. 하나님은 인간관계에 있어서도 계약적이시다. 아담의 행위계약에서부터 예수 그리스도의 은혜계약에서까지 나타난다.츠빙글리는 하나님이 아브라함과 맺은 계약은 예수를 믿는 자들에게도 적용된다고 말한다.

개혁주의 신학자들의 계약사상은 다음과 같다.

계약사상은 성경에 등장하는 개념으로서 하나님이 택하신 자녀들에게 하신 약속이다. 그 내용은 지켜야 할 의무 조항들로 이루어지며 의

무를 불이행할 경우 언약은 파기된다. 칼뱅주의자들은 인간의 요구조건 없이 하나님의 선언과 함께 바로 체결된다고 말한다. 칼뱅주의자들은 성경의 여러 가지 언약이 결국 세 가지로 요약된다고 본다:

- 구속 언약(covenant of redemption): 삼위일체 중 아버지 하나님과 예수 그리스도 사이에 맺은 언약이다. 그리스도 쪽에서는 모든 사람의 죗값에 해당하는 심판을 맛보고 구원에 필요한 조건을 자기 백성들을 대신해서 이행하겠다는 것이며, 아버지 하나님 쪽에서는 그리스도를 그의 백성들의 머리로 인정하며 그의 고난과 죽음 그리고 의로움을 백성들의 고난과 죽음 그리고 의로움으로 인정하여 그들을 구원해 주시겠다는 내용이다. 이 언약이 창세전에 체결되었으며 예수 그리스도가 오심으로 완수된 것으로 본다.

- 행위 언약(covenant of works): 하나님과 아담 사이에 맺은 언약이다. 아담은 인류의 대표로서 하나님의 명령을 순종하며, 하나님은 그에게 영원한 생명을 주신다는 내용이다. 아담은 실패했으며 이로써 인류에게는 죽음이 왔다고 본다.

- 은혜 언약(covenant of grace): 아담이 실패한 이후로 곧바로 모든 인류와 하나님이 맺은 언약이다. 사람 쪽에서는 하나님이 그리스도에게서 구원에 필요한 모든 조건을 받으실 것이란 사실을 받아들이라는 것이며, 하나님 쪽에서는 그 사실을 받아들이는 사람을 그리스도의 백성으로 삼아 주신다는 내용이다. 하나님의 구원하시

는 의도 즉 예수 그리스도를 통한 화해의 일방적인 약속으로서 은혜 언약을 이해한다.

일부 진보적인 개혁파 신학자 가운데는 하나님은 어느 정도 인식될 수 있다고 주장하지만, 그러나 타락한 인간이 완벽하고 철저하게 하나님의 본질을 알 수는 없다고 말한다. 또한 하나님의 초월성과 하나님의 주권은 인간이 논의해야 할 명제가 아니라고 말한다.

칼뱅 자신도 말하기를 하나님이 창조한 우주만물을 통해서 하나님의 실존을 어느 정도 인식할 수 있으나 그러나 하나님이 만물 가운데서 어떻게 역사하시는지는 알 수 없다고 말한다.(God is knowable, but incomprehensible.)

그리고 칼뱅의 예정론은 도르트 신조와 웨스트민스터 신앙고백에서 잘 나타나 있다. 한편 신정통주의 신학자 칼 바르트는 칼뱅의 예정론을 버리고 예수 그리스도는 우리를 구속하시기 위하여 하나님의 아들로 선택되고 십자가에서 희생되었기 때문에 누구든지 예수 그리스도를 영접하면 구원을 얻을 수 있을 것이라고 강조하면서 오히려 아르미니안주의에 가까운 태도를 보이기도 했다.

개혁주의를 잘 나타내는 문서는 개혁교회의 역사적 문서들인데 다음과 같은 신앙신조에 잘 나타나 있다. 하이델베르크 요리문답(독일), 네덜란드 신앙고백, 도르트 신조(네덜란드)이며, 이외에도 제2스위스 신앙고백(츠빙글리 전통), 프랑스 신앙고백, 제네바 요리문답(제네바 전통), 스코틀랜드 신앙고백(스코틀랜드) 등이 있다. 장로교회의 신앙고백으로 주로 채택되는 웨스트민스터 신앙고백 및 소요리 문답은 개혁주의를 잘 반영하고 있으며 웨스트민스터 신앙고백을 기초로 작성한 개혁파 침례교회의 1689 신앙고백은 침례신앙에서 개혁주의를 표방하고 있다.

남아프리카에도 네덜란드의 식민주의 정책의 일환으로 개혁주의가 전파되었다. 하지만 유감스럽게도 남아공의 개혁교회는 바벨탑 이야기 속에 사람들이 흩어지는 이야기가 나오는 것을 근거로 해서 백인은 백인끼리, 흑인은 흑인끼리, 아시아 사람은 아시아 사람끼리 흩어져서 살아야 한다는 인종차별적 성서 해석 때문에 개혁주의가 많은 어려움을 당했다.

이러한 자의적인 성서 해석 때문에 백인은 구원이 예정되어 있으나, 흑인은 그렇지 않다는 개혁파 교회 교리의 악용으로 인종차별을 정당화하는 오류를 범하였다. 물론 이러한 잘못에 대해 개혁교회에서는 흑백통합정부가 들어선 뒤에 사과함으로써 과거사 청산을 위한 죄책고백을 실천하였다.

칼뱅주의의 근간을 이루는 것은 언약신학 그리고 칼뱅주의 5대 강령이다. 도르트 신조에서 나온 5대 강령의 경우 앞 글자를 따서 영어로는 TULIP이라고도 한다. 이것들은 개신교의 다른 여러 신학 유파와 칼뱅주의를 구분 짓는 내용들이 된다.

칼뱅주의의 5대 강령

칼뱅주의의 5대강령은 TULIP이라는 영어의 글자로 요약이 되는데 다음과 같다.

1. Total Depravity(전적 타락) 2. Unconditional Election(무조건적 선택)
3. Limited Atonement(제한된 구속) 4. Irresistible Grace(불가항력적 은혜)
5. Perseverance of the Saints(성도의 견인) 등이다.

루터파와는 달리 칼뱅의 후계자들은 웨스터민스터(1647) 신앙고백을 통해 개혁주의 신학을 체계화되었다. 후에 칼뱅주의자들은 네덜란드 도르트에 모여서 다섯 가지 사항을 재확인하였다.

1. 인간의 전적 부패(Total Depravity)

다른 종류의 믿음은 사람이 스스로 발휘할 수 있으되 구원에 필요한 믿음은 사람이 스스로 발휘하지 못한다는 것이다. 그래서 이 주장을 '전적 무능력'이라고 하기도 하는데, 주의할 것은 그 '무능력'이라고 함은 사람이 하나님을 믿을 수 있는 기능을 잃었다는 뜻이 아니라 그의 영혼이 타락하여 참된 믿음을 가질 수 없다는 것이다. 성경에 나오는 예수 그리스도의 말씀("나를 보내신 아버지께서 이끌지 아니하시면 아무도 내게 올 수 없으니")으로 보건대 하나님이 참된 믿음을 주시기 전에는 아무도 예수 그리스도를 진실 되게 못 믿는다는 것이다.

2. 무조건적 선택(Unconditional Election)

앞의 '전적 타락'설에 의하면 참된 믿음은 하나님이 주셔야만 얻게 되는 것인데, 누구에게 참된 믿음을 줄 것인지에 대한 하나님의 선택에는 아무런 조건이 없다는 것이다.

3. 제한적 속죄(Limited Atonement)

앞의 '무조건적 선택'을 받은 사람이 결국 '구속의 언약' 또는 '은혜의 언약'에서 그리스도의 백성에 해당한다는 것이다. 즉, 예수 그리스도의 속죄의 실효는 하나님의 선택을 받은 사람들을 위한 것이라는 내용이다.

4. 불가항력적 은혜(Irresistible Grace)

성경에 나오는 예수 그리스도의 말씀(요한복음 6:37 "아버지께서 내게 주시는 자는 다 내게로 올 것이요")으로 보건대 하나님이 믿음을 주시기로 작정하신 사람이 그리스도를 아니 믿을 수는 없다는 것이다. 이것은 '구속의 언약'과도 연관이 있다.

5. 성도의 견인(Perseverance of Saints)

성경에 나오는 예수 그리스도의 말씀("나를 보내신 이의 뜻은 내게 주신 자 중에 내가 하나도 잃어버리지 아니하고 마지막 날에 다시 살리는 이것이니라")으로 보건대 하나님의 선택을 받은 사람은 하나님의 심판을 받는 자리로 결코 떨어지지 않고 구원이 반드시 성취된다는 것이다. 이것 역시 '구속의 언약'과 연관이 있다.

칼뱅주의는 예배의 규정적 원리에서 예배를 성경, 기도, 찬송, 헌상, 성찬과 세례와 더불어 하나님께서 그분의 백성들에게 특수한 은혜를 내리시기 위해 정하신 방도라고 본다. 이것들을 은혜의 방도라고 부르는데, 어떠한 것들이 은혜의 방도인가 뿐만 아니라 그 방도들을 사람이 어떻게 대해야 하는가 또한 성경에 계시되어 있다고 보는 것이 칼뱅주의의 특징이다. 이는 물론 Sola Scriptura 정신과 부합된다. 특히 예배에 해당하는 도리들을 묶어 예배의 규정적 원리라고 부른다. 예를 들어 예배할 때 예수님이라고 상상하여 만든 그림이나 조각상을 사용하지 않는다는 것이 대표적인 규정적 원리의 하나이다. 그 원리들이 구체적인 내용에 대해서는 칼뱅주의 신학자들 사이에도 이견이 있다. 그러나 칼뱅주의를 표방하는 교파별로 이러한 규정적 원리를 갖고 있다는 것은 공통적이다.

예배의 규정적 원리에 대한 근거로 사용되는 성경 구절에는 십계명 중 둘째 계명인 "우상을 만들어 그것을 예배하지 말라"이다. 둘째 계명이 야훼 하나님 외에 다른 신을 섬기지 말라는 뜻이 아닌 것은, 다른 신을 두지 말라는 것은 이미 첫째 계명에서 명시되었기 때문이다. 그러므로 둘째 계명의 뜻은 야훼 하나님을 섬기겠다고 할 때 그분의 형상이라고 무엇을 만들지 말라는 뜻이다. (그럼에도 불구하고 야훼 하나님의 형상을 만든 역사가 성경 출애굽기 32장 4절에서 볼 수 있다.) 그러므로 둘째 계명에서 발견할 수 있는 것은 하나님께서는 하나님을 예배하는 방식에 대해서도 어떤 기준을 내리고 계시다는 것이다.

칼뱅주의와 관련된 흔한 오해 중 하나는 칼뱅주의가 인간의 자유로운 선택을 막는다고 주장한다는 것이다. 그러나 위의 '전적 타락'설에서 언급되었듯이 칼뱅주의는 자연인이 믿을 수 있는 기능을 잃어버렸다든지 선택의 자유를 잃었다는 것이 아니라, 자연인은 부패하여 하나님을 싫어하는 심성 때문에 자신의 자유로운 선택권을 가지고 에덴동산에서 선악과의 약속을 파괴하고 하나님을 사랑하지 않기로 선택한다는 것이다. 이것이 언제까지 계속되냐면 하나님이 그 사람의 심성을 바꾸어 주실 때까지라는 것이다.

종교개혁 당시 이러한 칼뱅주의 원죄론에 반대하고 "사람은 하나님이 심성을 따로 바꾸어 주시지 않아도 스스로 하나님을 사랑하는 마음을 만들 수 있다."고 주장한 사람 중 대표적인 사람이 에라스무스다. 여기에 반박하고 '전적 타락'설을 주장한 것이 루터의 "노예의지론(Bondage of the Will)"이다. 이러한 사상들은 구원에 있어서 하나님과 사람의 역할과 관련된 것으로서, 이에 대한 기독교내의 주장은 크게 다음의 두 가지로 구분 지을 수 있다:

하나님이 구원의 길을 마련하시지만, 사람이 그것을 취하느냐의 여부는 인간에게 달려있다는 즉, 구원은 하나님과 사람의 합작이라는 에라스무스설에 반대하여 칼뱅은 하나님이 구원의 길을 마련하실 뿐만 아니라, 사람이 그것을 취하는 것도 그리 할 수 있도록 하나님이 해 주셔야만 가능하다는 것이다. 즉, 구원은 전적으로 하나님께만 달려 있다는 것이다.

앞서 언급한 에라스무스의 주장은 합력설에 해당하며, 칼뱅의 단독

설과 에라스무스의 합력설에 대한 논쟁은 기독교 초창기에 이미 있었다. 잘 알려진 것이 4~5세기에 있었던 펠라기우스와 어거스틴의 논쟁이다. 펠라기우스는 인간이 자신의 의지를 통하여 자력 구원이 가능하다고 주장하였다. 이러한 합력설에 대하여 어거스틴은 구원은 하나님의 전적인 은혜라는 단독설을 주장하였는데, 카르타고 회의에서 교회는 펠라기우스 사상을 정죄하였다. 종교개혁 이후로는 17세기에 아르미니우스를 따르는 아르미니안주의자들이 합력설을 주장하였다. 이때 아르미니안주의자들의 주장에 반박하면서 도르트총회에서 작성된 것이 '칼뱅주의의 5대 강령'이다. 18세기에는 웨슬레가 합력설을 주장하였다.

칼뱅주의가 발전하는 과정에서 극단적 칼뱅주의(hyper-Calvinism)가 태어났다. 칼뱅주의와 극단적 칼뱅주의의 가장 큰 차이는 예수 그리스도의 복음 선포 대상과 속죄의 유효성과 범위에 대한 인식에서 나타난다. 칼뱅주의는 복음의 유효성에 있어서 모든 계층의 사람을(남자나 여자나, 어른이나 아이나, 주인이나 노예나 등등) 위한 것인 동시에 제한적 속죄를 말한다. 여기서 제한적이라는 것은 계량적인 뜻만이 아니라 한정적(definite) 또는 특정적(particular) 의미를 모두 포함한다. 그러나 극단적 칼뱅주의는 인류에 대한 복음의 유효성과 제한에 있어서 예수 그리스도의 속죄는 누구에게나 해당된 것이 아니라 극히 제한적으로 선택 받은 사람들만을 위해 유효하다고 주장하며 예배의 전통과 형식 그리고 신앙생활에 있어서 초기 종교개혁 시대의 전통을 고수한다. 일반은총 즉, 하나님이 인류를 보편적으로 사랑한다는 것을 부인하는 것이다.

칼뱅의 신학적 전통을 따르는 개혁파 신학자들은 이런 신학적 유산을 통해서 성경과 신학의 탐구를 추구하게 되었다. 개혁파 신학자들은 칼뱅이 세운 스위스 제네바 대학교에서 수학한 자들로부터 시작하여 네덜란드, 스코틀랜드, 남아공, 미국, 그리고 한국을 포함하여 많은 학자들이 널리 퍼져 있다.

제 2 장

종교개혁 후에 나타난
신학 및 철학사상

큰 흐름 속에서 Protestant Church(개신교) 운동을 관찰해 본다면 종교개혁 시대의 신앙고백이라고 할 수 있는 정통주의가 그 근본이라고 할 수 있다. 그러나 루터와 칼뱅의 시대가 저물면서 정통주의는 다소 다른 모습을 갖게 되었는데 흔히 후기정통주의라고 불려진다. 그 후 후기정통주의는 루터와 칼뱅의 후계자들로서 루터파 정통주의와 칼뱅의 개혁파 정통주의로 다시 대별된다. 루터파 정통주의는 16세기 후반과 17세기 전반에 발전했는데 루터의 뒤를 이어 루터의 신학을 집대성하자는 데 그 목적이 있었는가 하면 또 한편 칼뱅의 개혁파 정통주의는 칼뱅사상을 중심으로 하되 칼뱅보다 더 적극적으로 예정론을 견지하기에 이르렀다.

그리고 칼뱅의 개혁파 정통주의는 정부와 국가의 관계에 대하여 칼뱅의 온건주의 보다 더욱 과격한 보수적인 국가관을 내세웠다. 다시 말해서 하나님의 주권적인 은혜 및 섭리와 인간의 책임을 균형 있게 강조했던 칼뱅과는 달리 그의 후계자들은 하나님의 주권과 섭리에만 중점을 두어 인간의 책임을 배제하였다. 또한 구원론에서 예정론을 다루었던 칼뱅과 달리 그의 후계자들은 처음부터 예정론을 신론에서 다루었다. 본래 칼뱅이 구원의 기쁨과 확신을 더해 주기 위해 구원론 다음에 예정론을 다루어 하나님의 은혜의 감격과 구원의 확신을 도모하기를 원했으나 칼뱅의 개혁파 정통주의는 예정론을 신론의 한 범주로 정착시켰다.

한국의 개신교는 그동안 유럽의 루터와 칼뱅의 정통주의에 영향을 받아 정통보수의 신학을 견지해 왔다고 해도 과언이 아니다. 기독교에서 정통이라 함은 성경의 메시지와 예수의 가르침을 가장 정확히 이해하고 있음을 표방하는 말이고, 보수라 함은 전해진 전통적 가치와 유산들을 보존하고 지키고 있음을 나타내는 말이다.

그러나 정통보수의 신학은 물론 어떠한 신학이나 논리라도 오래 간다는 보장이 없다. 복음이 전해지는 곳에서는 너무나 다양한 민족과 지역, 시대적 상황이 펼쳐지기 때문에, 어느 한 쪽만을 가리켜 정통이라 하기는 쉽지가 않다. 예수 이후 제자들은 열두문, 열두보석처럼 예수를 이해하고 소화하는 관점이 다 달랐으며, 초대교회 시대에도 신학의 배경이 달라서 알렉산드리아 학파, 안디옥 학파, 소아시아 학파 등 입장을 달리하는 분파들이 많이 생겼다.

그러면 개신교 정통주의 신학이란 무엇인가? 위에서 잠깐 소개한 것과 같이 종교개혁 당시 루터와 칼뱅에 의해서 정립된 신학이다. 가톨릭의 교권주의에 대항해서 성경 즉 말씀만이 최고의 권위를 가진다는 신학이다. 그러나 17세기에 들어와서 종교개혁으로 발생한 신학적 주제들을 객관적이며 체계적인 교리로 삼으려고 노력하였던 시대가 있는데 이 시대를 '개신교 정통주의 시대'라고 하는데 종교개혁 시대의 정통주의와 구별하기 위해서이다. 또 한편 개신교 교파들이 가톨릭의 영향에서 벗어나 자체적으로 교리적 체계를 세웠다는 점에서 '개신교 정통주의'라는 말이 쓰이기도 했다.

개신교 정통주의는 종교개혁의 마지막을 향해가는 과정에서 형성되었다. 그 계기는 아우스부르크 회의였다(1555). 이 회의는 가톨릭과 개신교간의 종교적 분쟁을 일시적으로 마무리 짓고 개신교를 인정하는 회의였다. 이 회의 결과 열방의 군주들은 자신들의 신앙고백을 결정할 권리를 가지게 되었다. 개신교를 선택한 군주들은 자신들의 신학적 입장을 정리할 필요성을 느꼈다. 이러한 요구가 규범적 신앙고백의 필요성을 가지게 되었고, 그것이 개신교 정통주의로 귀결되었다.

개신교가 주장하는 기독론과 삼위일체에 관해서는 부분적이나마 초대교회 시대의 가톨릭의 신학과 교의를 물려받았다고 할 수 있으며 죄와 은총에 관해서는 아우구스티누스의 사상을 이어 받은 흔적이 보인다.

루터파 정통주의자 계통을 통해 두드러지게 강조된 것은 축자영감설이다. 이는 성경이 유일한 신학의 기준이고, 영감에 의해 기록되었기에 하나님 말씀이며, 어떠한 오류나 결함이 없이 기록되고 보존되어 왔다는 의미이다. 이것은 또한 개신교 근본주의의 성경관을 이루는데 근간이 되었다.

그동안 칼뱅의 정통주의에 관해서 여러 가지의 평가가 있었는데 그 특징은 성서에 대하여 조금도 타협을 할 수 없는 지나치고 고정된 교리를 강조한 자체가 오히려 근본주의(fundamentalism)를 태동시키는 원동력이 되었다는 것이다. 그러나 이 근본주의는 본래의 종교개혁의 정신에서 이탈한 신학이라고 할 수 있다.

루터와 칼뱅의 정통주의 신앙의 형식화와 교리화는 여러 방면에서 한계를 드러내게 되었다. 그 한계성에 대한 반동으로 18세기에 주관적 체험을 중시하는 경건주의 운동이 일어나게 되고, 19세기에 이르러서는 성서의 역사성과 신학의 전제인 계시를 문제시하는 현대 신학의 도전이 나타나기도 했다.

개신교회는 그동안 내부에서는 대부분 교회의 정통성, 즉 정통주의 신학의 교리적 강조에 중점을 두게 되었고, 개신교회 특히 칼뱅주의자들이 강조하는 신학(설교 위주)이나 논리(교인대표제)도 기독교인의 실천보다는 교리의 인정에 중점을 두게 되었다. 개신교의 제도, 교리 중심화 문제는 결국 신앙의 실천, 변화의 경험을 막게 되는 결과를 낳게 되었으며 드디어 이러한 태도에 대한 반성이 일어나기 시작하여 독일 개신교회인 루터교회의 내부에서 먼저 경건주의 운동이 발생하여 점차 전 유럽 전역과 영국과 미주의 개신교회들에게 퍼져 나갔다.

경건주의 :
슈페너, 친첸도르프의 교회갱신 운동

경건주의 사상은 처음에는 칼뱅주의로부터 상당히 공격을 받았다. 칼뱅주의자들은 경건주의자들이 원칙이 없이 생활갱신을 하려고 한다고 비꼬았다. 그러나 시간이 갈수록 교리나 원칙론에 지친 정통주의자들이 늘어나면서 힘을 얻게 되었다.

경건주의(敬虔主義, Pietism)는 16세기말에서 17세기에 형성되었던 개신교 정통주의신학을 극복하기 위해 17세기에 독일 교회에서 일어난 운동이었다. 그들의 목표는 기독교인다운 경건 생활 운동을 펼치자는 것이었다. 이 경건주의는 유럽에서 두 번째 종교개혁이라고 불릴 정도로 발전하였는데 나중에는 유럽 계몽주의 운동의 배경이 될 정도로 직간접적인 영향을 끼쳤다.

그리고 경건주의는 기독교인의 생활 속에서 이성과 경험을 경건하도록 실천하는 종교이자 사회운동이기도 하였다. 따라서 기존 유럽의 잘못된 관습, 특히 반이성적 활동과 기독교와 관련이 없는데도 종교의 이름으로 자행된 만행 등에 대한 반성 및 개선을 강조하고 실천으로 옮기려고 노력하였다.

경건주의 운동은 교회를 갱신하고 해외선교를 촉진하며, 사회적 책임의 중요성을 일깨워주었다. 무엇보다도 기독교 부흥 운동의 촉매 역할을 하였다. 후에는 요한 웨슬레의 영국복음주의 부흥 운동, 조나단 에드워즈에 의한 미국 1,2차 대각성 운동과 이어서 19세기의 복음주의 해외선교 운동을 촉진시키는 원동력이 되었다.

16세기, 종교개혁 이후 유럽 사회는 정치, 경제, 사회, 문화에서 로마가톨릭과 기독교의 대립으로 양분되었다. 그러나 로마가톨릭과 기독교회로 인하여 교인들은 각자가 교리적으로 어디에 소속되어 있는지에 대한 의문이 있었다. 이로 인하여 로마가톨릭과 기독교회는 교리적 강조와 제도 중심화 과정을 겪게 되었다. 루터교회 내부에서 시작된 이러한 교리적 운동은 경건주의와 함께 결합되어 17세기 기독교 사회의 근간을 이루었다.

교회의 세속화에 반대하는 경건주의는 개인적 신앙을 강조하였다. 경건주의는 유럽사회 전역으로 확산되었고 사회, 교육의 문제에도 영향력을 끼쳤다. 기독교 역사를 통하여 신앙이 경험으로부터 거리가 생길 때에 경건주의 운동이 지속적으로 일어났다. 17세기 초 루터교는 로마가톨릭과 종교개혁의 반대파들과 논쟁을 하는 동안 또 한편 독일에서는 경건주의 문학과 신앙적 신비주의 전승에 대한 관심이 일어났다.

존 번연을 비롯한 청교도주의자들의 저서가 번역되면서 잉글랜드 청교도 사상의 영향이 대륙에 이르렀다. 신앙적인 이유로 네덜란드에 추방된 윌리엄 에임스는 독특한 화란 경건주의를 일으키기도 했다.

슈페너(Philip Jacop Spener, 1635~1705)

슈페너는 경건주의 학자 중에 대표적인 인물이다. 슈페너를 위시해서 친첸도르프가 뒤를 이었고 그 후 영국, 프랑스 등 유럽에 경건주의가 확산되었다. 독일에서 시작되었던 경건주의는 그 후 네덜란드를 중심으로 하여 슈페너(Philip Jacop Spener, 1635~1705)의 적극적인 활동으로 통일성을 이루게 되었다. 슈페너가 스트라스부르에서 공부하던 시절(1651~1659) 루터교 정통신학과 관행을 개혁하는데 관심을 갖게 되었다. 당시에 도시의 타락한 생활에 제동을 걸기 위해 "경건자들의 모임(Collegia Piepietatis)"을 조직하였다.

평신도들을 중심으로 정기적인 만남을 통해 성경 암송과 간증을 나누는 영적 모임이었다. 사람들은 이러한 성경 중심의 모임과 활동에 대하여 관심을 가지고 경건주의자로 칭하였다. 슈페너가 쓴 《경건한 소원들(Pia Desideria)》(1675)에서 경건주의에 대한 6대 제안과 5대 원칙을 발표하였다.

슈페너가 제안한 6대 과제는

1. 소그룹으로 시작하여 해석과 연구 활동을 함으로써 영적인 충족과 초대교회의 운동으로 회복하는 성경연구모임의 활성화이다.
2. 신자의 영적 제사장직을 활용하여 서로 기도하고 선행과 권면을 통하여 영적으로 건강한 제사를 드리게 하는 것이다.
3. 기독교의 진리는 아는 것이 아니라 서로 사랑하고 봉사하는 실천적 성격을 가지고 있다.
4. 신학적 논쟁은 피하고 논쟁이 필요할 때에는 기도하는 마음으로 의견을 나누고 사랑으로 인도하는 논쟁의 비유익성에 주의해야 한다.
5. 토마스 아켐피스(1418~1427)의 《그리스도를 본받아(Imitation of Christ)》라는 신학서적을 통하여 경건 생활과 신학 지식의 전수를 이루어 나가야 한다.
6. 설교가 신앙을 깨워 주고 믿음의 열매를 맺도록 해야 한다.

슈페너는 또한 경건 생활을 유지하기 위해 5대 원칙을 세웠다. 이 5대 원칙은 경건주의의 개혁을 실천하기 위한 중요한 수단이고 도구였다.

슈페너의 5대원칙은

1. 개인적, 공적으로 성경을 더 많이 사용하고 이용하는 성경 중심의 삶.

2. 평신도들에게 신자의 제사장적 책임들을 지게 함으로써 삶의 목적을 이루어 감.
3. 살아 있는 신앙의 실천적인 열매들을 맺는 일의 중요성.
4. 논쟁보다는 경건과 배움을 중시하는 목회자 훈련.
5. 교화를 목적으로 하는 설교 등이다.

슈페너의 경건주의는 독일의 경건주의와 영국의 아메리카 식민지에까지 영향을 끼쳤다. 그는 생전에 300권이 넘는 책을 저술했는데 그 가운데 《영적인 제사장직(Das geistliche Priestertum)》(1677년)과 《일반신학(Die allgemeine Gottesgelehrtheit)》(1680년)은 오늘에 이르기까지 영향력을 끼치고 있다.

친첸도르프(Nikolaus Ludwig von Zinzendorf, 1700~1760)

슈페너가 주로 네덜란드에서 경건주의를 펼쳤다면 독일 경건주의 운동은 친첸도르프에 의해서 시작이 되었다고 볼 수 있다. 종교사회 개혁자 친첸도르프는 1700년, 독일 작센 드레스덴에서 오스트리아 귀족 가문 출신의 작센 주 행정관의 아들로 출생하였다. 친첸도르프는 보헤미아형제단으로 알려진 모라비아 교회의 지도자로서 세계 기독교 에큐메니컬 운동을 주도하였다. 친첸도르프의 조모는 독실한 경건주의자로 경건주의 신학자 슈페너와는 친구 사이였다. 친첸도르프는 조모로부터 영지를 유산으로 받고 관직을 청산하고 영지의 소작인 문제, 보헤미아와 모라비아 난민 집단 문제에 관심을 갖게 되었다. 친첸도르프는 에큐메니즘적인 요소에 관심이 깊었으나 슈페너의 가르침에 따라 "교회 속의 작은 교회(ecclesiolae in ecclesia)"를 발전시킴으로서 교회 부흥과 단일 루터교회를 추진하였다.

친첸도르프 백작은 그리스도교 정착촌을 설립하여 이상을 구현하려는 의도를 갖고 있었다. 헤른후트와 모라비아 정착촌에서는 가족 중심의 생활이 합창대 중심의 생활로 전환되었는데 나이와 성별과 혼인 여부에 따라 엄격한 구별이 있는 공동 집단이었다. 이와 같이 헤른후트의 신규 회원 모집이 성공을 이루자 기존의 귀족사회와 도시조합과 루터교회는 반발하였다.

친첸도르프가 1734년, 정통파 루터교회 목사로 취임하자 형제단과 루터교회 양측으로부터 종파주의자로 오인을 받아야 했다. 중립을 지키며 유화정책을 시도했으나 2년 만에 정부령으로 영지에서 추방을 당해야 했다. 1773년, 친첸도르프는 모라비아 교회의 해외선교사업 부문 보헤미안 형제단 감독에 임명이 되었다. 이에 친첸도르프는 모라비아 교회의 정착촌을 결성하고 화란과 발트해 연안국에도 모라비아 교회를 개척하였다.

후에 잉글랜드에 모라비아 교회를 개척하였으며 이곳에서 감리교 목사인 요한 웨슬레를 만났다. 1741~1743년, 아메리카의 뉴욕과 펜실베니아에 모라비아 교회를 세우고, 특히 펜실베니아에는 베슬리엄 정착촌을 결성하고 아메리카 인디언들에게 복음을 전하는데 선도적인 역할을 하였으나 독일계 기독교도들과의 연합은 성과를 이루지 못하였다.

유럽으로 귀환한 친첸도르프는 에큐메니즘 운동으로 각각의 교회들은 공동의 진리에 대한 이해와 전달 방법이 다를 뿐 오직 하나인 참된 그리스도의 교회를 구체적이고 논리적으로 훈련하는 것이었다. 1747년, 작센 당국자들은 추방령을 취소하고 1749년, 보헤미안 형제단 교회를 공식 승인하였으며 잉글랜드 의회도 승인을 하였다. 그러나 친첸도르프의 반이성적, 감정적인 신학적 사상들로 인하여 반대자들로부터 항상 비난의 대상이 되었다.

친첸도르프는 경건주의적인 열정과 신앙으로 교회사에 깊은 영향력을 끼쳤다. 당시 계몽주의의 무신론적 합리주의와 생명력을 잃은 기독교 교리에 반대한 친첸도르프는 공동체 생활을 통하여 기독교적인 삶을 실천해야 한다고 주장하였다. 에큐메니즘, 기독교도들의 공동체 생활, 세계적인 선교망 구축을 통하여 친첸도르프의 사상은 확장형, 지속적인 운동으로 이어져 갔다.

유럽의 교회들이 각 교파를 설립하고 그들의 교파 유지에 여념이 없을 때 로마가톨릭은 세계 선교와 개혁 운동을 일으키며 전역을 가톨릭화하려는 움직임이 강화되고 있었다. 경건주의 운동은 평신도 중심의 운동과 연계되어 교회의 발전에 기여한 바가 매우 컸다. 그러나 경건주의 운동이 기독교사에 긍정적인 측면만 강조된 것은 아니었다.

경건주의는 세상으로부터의 도피적인 측면이 강화된 경향이 있었다. 또한 교회개혁을 주도함에서 있어서 교회 안의 교회 운동을 전개하는 것은 우월적 신앙사상, 흑백논리에 치우친 독선주의에 매몰되는 경향이 있었다. 경건주의는 교리를 경시하는 풍조가 있어서 생활 속에서 이루어지는 삶은 강조하되 본질적인 기준이 흐려질 수 있는 약점이 발견되었다. 경건주의가 유럽 사회를 크게 벗어나지 못한 채 소멸되어 간 것은 지도자들의 대를 이어갈 후계 양성에서 실패하고 수도원적인 경향으로 폐쇄성을 극복하지 못한 것도 걸림돌의 원인이 되었을 것이다.

신정통주의 :
칼 바르트의 언약신학과 루돌프 불트만의
비신화론

정통주의와 경건주의에 뒤를 이어 신정통주의(新正統主義, Neo-ortho doxy)가 독일에서 다시 일어났는데 이 신정통주의를 위기의 신학(The ology of Crisis), 또는 변증법적 신학(Dialectical Theology)이라고도 한다. 네덜란드에서는 중도 정통주의(Middle-Orthodox)라고 불렀다. 이 신정 통주의는 자유주의의 성향도 지닌 것으로 정통주의와 자유주의의 중간 지대를 이루는 신학이라고 말할 수 있다.

신정통주의는 신의 내재주의를 주로 강조하는 자유주의의 신학에 대한 반발로 내재주의와 초월주의를 동시에 주장하고 있다. 개신교 신 학자 칼 바르트(1886~1968)로부터 시작되었으며 제1차 세계대전 이후 에 더욱 발전한 개신교 신학으로 에밀 브루너(1899~1966), 폴 틸리히 (1886~1965), 루돌프 불트만(1884~1976)에 의하여 본격적으로 확대되 었다. 그리고 니버 형제, 즉 라인홀드 니버(1892~1971)와 그의 동생 리 챠드 니버(1894~1962)가 미국 교회에서 대표적인 신정통주의자들로서 활동하였다. 이 신정통주의 신학자들은 대부분 미국 뉴욕의 유니온 신학대학(Union Theological Seminary)에서 가르쳤는데 이 신학대학은 당시의 석유왕으로 알려진 존 록펠러(1839~1937)에 의해서 재건축된 신학대학이다.

신정통주의 신학자들은 정통적인 유신론만을 펼치는 정통주의자들의 신학을 계승하면서도 동시에 인간의 이성이 성경의 계시보다 우위라는 19세기 자유주의자들의 영향을 많이 받기도 했다. 그러나 정통신학과는 다르게 중도적 신학을 펼치고 있으며 무엇보다 유신론적 실존주의자인 키르케고르의 영향을 많이 받아 자유주의자들의 신학인 내재적인 하나님보다 초월적 하나님을 강조하는 신학을 펼쳤다. 신정통주의자들은 다양한 철학 운동(예를 들어 헤겔주의, 자연주의, 낭만주의, 자유주의)을 통하여 유신론자들을 정면에서 비판하는 신학을 받아들이지 않았다. 그 대신 성서의 '메세지'에 주목하자고 주장하는 신학 즉 계시의 신학을 강조하였다. 이 신정통주의는 자유주의 신학의 안티테제(anti—thesis)라 하지만 자유주의 신학을 비판하는 관점이 보수 개혁주의자들과는 다소 다르다. 또 한편 신정통주의는 자유주의와는 엄연히 다르다고 주장하고 있다.

신정통주의의 신학자들은, 유신론적 실존 철학자인 키르케고르가 주장하는 대로, "신의 존재는 성서에서 표현된 대로 하나님은 초월적인 존재이므로 더 이상의 신에 대한 존재 정의는 무의미하다. 이제는 인간과 신의 관계만이 중요할 뿐이다."라고 강조한다.

신정통주의는 근본주의자들이 강력히 주장하는 성서무오설과 축자영감설을 부정하지만 성경은 하나님의 말씀이라는 부분은 긍정하고, 성경의 계시를 통해서 초월적인 하나님을 찾아야 한다는 것을 특히 강조하고 있다. 신정통주의 신약학자 루돌프 불트만은 자유주의 신학자들이 죄, 심판, 죽음, 십자가와 부활에 대한 신학을 송두리째 부정하는 것에 대하여는 반대의 입장을 가지고 동시에 또 한편 정통주의적 교리에도 문제가 있으므로 현대의 일반인들이 쉬우면서도 확실하게 알 수 있도록 신학을 재정립해야 한다는 입장을 고수하고 있다. 불트만은 성서의 비신화화(demythologization)에 앞장을 선 신학자였다.

신정통주의는 칼 바르트를 중심하여 기독교 교리의 근원으로써 하나님의 계시를 강조한다. 중세 가톨릭교회의 토마스 아퀴나스 등이 주장한 자연을 관찰하고 이성으로 분석하면 하나님을 깨달을 수 있다는 자연신학에 반대되는 것이다. 자유주의 신학의 근본은 이성을 통해 하나님에 대한 지식을 얻을 수 있다고 보는 것이다. 바르트는 이러한 자연신학을 완전히 반대하였지만, 브루너는 자연신학은 나름대로 중요한 역할을 한다고 보아 바르트와는 다른 관점을 가졌다. 카를 바르트는 하나님의 말씀을 강조하며 그 안에 나타난 계시의 비밀을 찾아야 한다고 강조하고 있다.

신정통주의 신학자들은 주로 하나님의 초월성을 강조했다. 그러나 바르트는 초월성도 중요하지만 하나님의 내재성도 중요하다고 보고 있다. 하나님의 내재성은 곧 말씀이 사람으로 오신(성육신) 하나님을 상상하는 데 필요하다고 했다. 신정통주의자들의 또 다른 특징은 실존주의의 개념을 많이 이용했다는 것이다. 루돌프 불트만은 1920년대에 바르트와 브루너와 영향을 주고받았으며 특히 독일의 철학자 마르틴 하이데거에게서 영향을 많이 받았다. 반대로 라인홀트 니버와 칼 바르트는 19세기 덴마크의 기독교 실존 철학자 쇠렌 키르케고르의 저작에 영향을 많이 받았다. 키르케고르는 자유주의가 이성으로 기독교를 이해하려고 노력하는 것을 비판했다. 기독교인이 되는 것은 이성적인 결단이 아니며, 믿음에 의한 도약 즉, 눈에 보이지 않는 것을 믿는 것이라고 주장했다.

신정통주의 신학자들은 자본주의 체제를 비판하였다. 자본주의가 이윤추구를 기본 목적으로 하기 때문에 노동자들에 대한 착취와 소외를 유발한다는 사실을 직시하고 종교사회주의 운동을 실천하였는데, 여기서 종교사회주의 운동은 예수의 하나님 나라 운동에 근거하여 사회문제 특히 노동자 계급에서의 문제와 기독교 신앙과의 관계를 정립하기 위해 등장한 개신교 교회의 신학 운동이다. 종교사회주의에선 인간의 책임 하에 정의로운 사회를 형성하는 일과 하나님 나라와의 조화를 찾고자 하였으며, 사회주의를 대다수의 기독교인들과는 달리 반(反)기독교적인 사상이라고 해서 배척하기보다는 기독교와 사회주의간의 연관성을 찾고자 하였다.

칼 바르트(Karl Barth, 1886~1968)

초기 기독교 시대에 최고의 신학자인 어거스틴이 있었다면 중세기에는 가톨릭신학을 재정립한 토마스 아퀴나스가 있었고 종교개혁 시대에 들어오면서 루터와 칼뱅이 개혁신학의 선구자들로 활약을 하였으며 근세에 들어와 자유주의 신학과 계몽주의가 자리를 잡고 활개를 치기 시작할 때 칼 바르트는 성경계시와 언약의 신학을 중심으로 신정통주의 신학을 재정립하게 되었다.

칼 바르트는 삼위일체 중 성부의 창조설보다 그리스도의 언약을 더 강조하였고 성경을 통한 계시의 사건을 주장하는 신학자로 계시신학의 거의 독보적인 존재이다. 그의 신학을 통하여 독일은 물론 세계 각국에 지대한 영향을 주었으며 더 나아가서 그는 많은 책을 저술하였는데 특히 그의 대작인《교의학(Church Dogmatics)》은 여러 주제를 포함한 신학 해설로 내용은 물론 방대한 분량에 대하여 신학자들은 놀라움을 금치 못하고 그에 대한 칭찬을 아끼지 않는다. 그리고 그의 독일어《로마서강해(Der Romerbrief)》는 거의 10만 단어가 사용되었으며 중복된 단어가 거의 없을 정도로 잘 정돈되고 조직적이고 날카롭게 분석된 집필로 유명하며 초대교회 시대의 크리소스톰의《로마서강해》와 더불어 가장 많이 읽혀진 작품으로 알려져 있다.

칼 바르트는 스위스의 개혁교회 목사이자 신정통주의 신학자이나 성경의 문자적 해석보다 성경 안에 들어 있는 내재적인 비밀을 알고자 하였다. 예수를 도덕적으로 모범을 보인 인간으로, 성서를 인간의 종교적인 경험의 기록으로, 그리고 윤리적인 지침서로 이해하던 자유주의 신학에 반대하여, 그리스도인들이 헌신적으로 복종해야 하는 '하나님의 말씀이 인간으로 이 세상에 오신 예수 그리스도'를 강조하였다. 그러나 정통주의 신학의 관점에서 볼 때 그의 계시관과 역사관은 차이점을 보였기에 그의 이러한 신학적인 성격을 신정통주의라고 부른다. 칼 바르트는 폴 틸리히, 에밀 브루너와 루돌프 불트만과 함께 20세기 초 신정통주의는 물론 개신교 신학계를 주도했다.

신학자 프리드리히 프리츠 바르트의 장남인 칼 바르트는 유년기와 청년기를 베른에서 보냈으며, 1904년 베른 대학교, 베를린 대학교, 튀빙겐 대학교에서 공부하였다. 신학생 칼 바르트는 교수들의 영향으로 당시 유럽 신학계의 주류였던 자유주의 신학을 배웠다. 1911년부터 1921년까지 스위스의 작은 마을 자펜빌의 교회에서 개혁교회 목사로 목회하면서 자본가가 노동자를 착취하는 잘못된 사회를 하나님의 나라, 하나님 나라의 복음으로써 바로잡고자 하였다. 그래서 자본가들로부터는 '빨갱이 목사(Red Pastor)'라는 비난을 받았고, 일부 공장주들은 개신교에서 로마가톨릭으로 교파를 바꾸는 일도 있었다고 한다.

그는 자신이 배운 자유주의 신학에 대해서 한계를 느끼게 되는데, 하나님의 거룩함과 정의에 대해 설교하지 않으며 성경을 윤리책으로 오해하는 자유주의 신학의 잘못들을 발견했기 때문이다. 특히 1914년 8월 자유주의 신학자들의 대부분이 전쟁을 지지한 '어둠의 날'은 그에게 자신이 배운 자유주의 신학에 대해 환멸을 느끼게 했다. 이때부터 그는 하나님은 인간을 심판하시는 분이라고 반박하여 하나님의 심판을 가르치지 않는 자유주의 신학을 신랄하게 비판하였다. 당시 로마가톨릭 신학자 칼 아담은 "칼 바르트가 자유주의 신학자들의 놀이터에 폭탄을 던졌다."고 말할 정도로 유럽 신학계의 충격은 컸는데, 칼 바르트 자신도 "나는 우연히 잡은 교회종의 줄을 잡아당겨, 마을 사람들이 모두 잠에서 깨게 한 사람 같았다."고 할 정도였다.

칼 바르트는 자유주의 신학과 결별한 후 자신이 속한 개혁교회 (Reformed)의 전통에서 길을 찾았다. 그는 개혁교회 신학의 뿌리인 칼뱅, 츠빙글리의 종교개혁 사상 및 제2 스위스 신앙고백 등의 교의를 연구하였다. 이러한 학문적 노력은 바르트로 하여금 하나님의 말씀을 중요하게 여기는 신학 곧 신정통주의 신학으로 기독교 사상의 열매를 맺게 하였다.

칼 바르트는 청년 시절인 1913년 스위스 사회민주노동당에 입당하였고, 당시 유럽 교회가 관심을 갖고 있던 종교 사회주의 운동에도 중심인물로 참여하였다.

칼 바르트는 예언자적인 목소리를 내야 할 기독교인들과 개신교 신학생들까지도 독재자 아돌프 히틀러를 숭배하는 모습을 보고 실망하지 않을 수 없었다. 신학생들이 "하나님은 인간의 영혼 구원을 위해 예수를 보내고, 경제적·사회적 구원을 위해 히틀러를 보냈다."면서 히틀러를 그리스도와 마찬가지로 숭배하는 대상자로 만들자 이에 대항하기 위해서 나치에 반대하는 기독교인들의 공동체인 고백교회의 중심인물로 활동하기 시작했다.

그는 히틀러의 나치즘 운동이 히틀러를 그리스도로 숭배하는 우상숭배요, 유대인을 위시해서 다른 민족을 차별하고 박해하는 악마적인 것으로 보았고, 이러한 예언자적인 목소리를 대중 강의와 설교를 통해 드러냈다. 그의 반나치 이념의 특징을 보여주는 문헌이 "바르멘 선언"이다. 바르멘 선언은 1934년 독일 바르멘에서 친나치적인 독일 교회에 반대하는 개신교인들과 가톨릭 성직자들이 모여서 발표한 반나치 신학 선언으로, 하나님의 말씀(Logos)인 예수 그리스도, 그 분외에는 누구에게도 복종할 수 없으며, 자신을 길이요, 진리로 선언한 예수 그리스도 외에는 어느 누구도 하나님의 계시가 될 수도, 설교의 주제가 되어서도 안 된다는 것이 주요 주제였다.

결국 그는 나치 독일의 탄압으로 독일 밖으로 영구 추방당하여, 스위스 바젤 대학교로 이직했다. 칼 바르트의 나치 반대 운동은 그의 신학 연구 못지않게 중요시 여기었으며 후에 폴 틸리히, 디트리히 본회퍼 등에 의해 그 명맥을 이었다.

전쟁이 히틀러의 패망으로 끝난 후 독일 본 대학교에서 신학을 가르쳤으며, 1948년에는 공산주의 국가가 된 헝가리를 방문, 헝가리 개혁 교회와의 대화를 통해서 공산주의 사상의 위험성에 대하여 엄중히 경고하였다. 같은 해에 바르트는 에큐메니컬 운동을 위해 결성된 세계교회협의회(WCC)의 성립 과정에 참여하여 교회 연합 운동이 얼마나 중요한가에 대한 조언을 아끼지 않았다.

바르트의 저술 활동은 위에서 간단히 소개한 것과 같이 20세기 최고의 저작으로 꼽히는《교의학(Church Dogmatics)》외에 그의 인생의 말년인 1961년부터 1962년 사이에 《개신교 신학입문》이라는 책을 집필하였는데 이 연구를 가지고 바르트는 마지막 자신의 신학의 결론을 내렸다.

칼 바르트는 그가 세상 떠나기 1년 전인 1967년 Princeton 신학대학 특별강연회에 강사로 초빙을 받았는데 이 때에 세계 각국의 저명한 신학자들이 다 모여 칼 바르트와 더불어 신학 논쟁을 벌였다. 이 공개토론회는 그야말로 가장 훌륭한 세미나 중의 하나로 기억되고 있다.

바르트 신학의 특징은 하나님 말씀에 대한 신뢰였다. 바르트는 "하나님은 말씀하신다.(Deus Dixit)"라는 명제를 가지고 말씀 중심의 신학을 전개했다. 철저히 하나님 말씀을 높이고, 존중하는 신학을 전개한 것이다. 여기서 말씀은 사람으로 오신 말씀(Logos), 곧 예수 그리스도를 뜻하므로, 바르트 신학은 그리스도 중심의 신학이라고 할 수 있다.

그는 신학의 출발점과 귀결점을 예수 그리스도를 통해 자신을 계시한 하나님을 있는 그대로 가르치는 데 있다고 보았다. 따라서 바르트는 성서가 말하는 예수 그리스도를 떠나서는 하나님에 대해서 말할 수 없다고 보았다. 바르트는 신학은 교회가 하나님 말씀을 분별하고 실천하게 하는 데 있다고 보았다. 즉, 신학자 칼 바르트는 교회에게는 말씀 중심의 신학을 중요하게 생각하게 하고 신학자에게는 교회에 생명을 불어넣는 책임이 있다고 본 것이다. 바르트는 구약성서에 나오는 예언자들처럼 하나님의 말씀으로 시대를 분별하고, 인도해야 한다고 보았다.

칼 바르트의 신학적 구분법은 루터와 칼뱅의 전통적 구분법인 원형과 모형을 따르지 않고, 칸트의 현상적(phenomenal) 이론과 본체적(noumenal) 이론의 구분을 따랐다. 그뿐만 아니라, 비록 그가 자유주의 신학자인 프리드리히 슐라이어마허와 반대각을 세웠지만, 슐레이어마허의 주관적인 관점은 받아들였다. 결국에는 바르트에게 성경은 객관적인 역사에 기초한 객관적인 하나님의 말씀이 아니라, 말씀을 실존적으로 만나는(existential encounter) 가능성을 뜻하였다.

바르트는 성경 전체를 해석함에 있어서 신구약성서의 주제인 그리스도의 언약 안에서 해석해야 한다고 주장한다. 그것은 삼위일체의 하나님의 중심이 아닌, 성자 하나님인 예수 그리스도만을 중심으로 보게 되는 신학으로 삼위일체를 다소 부정하는 신학이라고 변증법 신학자인 코닐리어스 반틸(필라델피아 웨스트민스터 신학교 교수)이 바르트를 공격하여 논쟁에 휩싸이기도 했다.

루돌프 카를 불트만(Rudolf Karl Bultmann, 1884~1976)

불트만은 바르트와 더불어 신정통주의 신학자로 알려지긴 했으나 바르트보다는 좀 더 자유주의에 가까운 신학자로 보는 것이 옳을 것 같다. 불트만은 올덴부르크의 비펠슈테데에서 루터교 목사의 아들로 태어났다. 그 역시 독일의 개신교(루터교) 목사였고 신학자였으나 후에는 칼 발트나 디트리히 본회퍼와 같이 고백교회에 가입하여 반나치 운동에 앞장섰다.

불트만은 튀빙겐 대학교에서 신학을 공부했다. 두 학기가 지난 후, 몇 학기 동안 베를린 대학교에서 수학하고 결국 마르부르크 대학교에서 학업을 마쳤다. 1910년에 요하네스 바이스의 지도 아래 바울서신에 대한 논문으로 박사 학위를 취득하였다. 헤르만 궁켈과 빌헬름 하이트뮐러에게도 수학했다. 이후 마르부르크에서 신약학을 가르쳤다.

마르부르크 대학교의 신약학 교수로 30년 동안 재직했으며, 학교 동료인 하이데거의 실존주의 방법을 사용하여 성경의 비신화화를 시도한 신학자라는 평가를 받는다. 이러한 연구는 《예수》(1926)라는 책에 집대성되었다. 그의 제자들을 중심으로 이름을 따라서 불트만 학파라는 이름이 만들어졌다.

제2차 세계대전 이후 볼트만은 신약성경 속 선교의 실존론적 해석을 비신화화(非神話化) 방법에 의해서 행할 것을 주장했다. 예수의 동정녀 탄생 등 성경의 사건이나 서술이 신화적인 요소를 갖고 있을 뿐만 아니라, 복음서 이야기 전체가 현대인으로서는 이해할 수 없는 신화적 우주관념에 바탕을 두고 있다고 이야기한다. 또한 복음서의 세계는 하늘과 땅과 지옥의 3층 구조를 가지고 있는데 만일 신화적 요소가 배제된다면 복음서 역사의 참다운 의미가 명확해진다고 주장했다. 그는 실존철학의 도움을 빌려 우리들의 언어로 번역할 수 있다는 것이다. 그의 주장은 독일 및 유럽 신학계에 큰 논쟁을 불러일으켰다. 한편 종교사적인 방법을 구사하면서 실존론적 해석을 적용한 《요한복음서》주해나 신약연구의 체계적 성과를 가진 《신약신학》등의 뛰어난 업적이 있으며, 논문집 《신앙과 이해》의 주제로 4권의 책을 썼고 이 밖에 영국 글래스고 대학교에서의 강의집 《역사와 종말론》등을 남겼다.

1921년에 마르부르크로 돌아와서 1951년에 은퇴할 때까지 마르부르크에 머물렀다. 그의 제자들이 중심이 되어 신해석학파가 형성되었다. 불트만은 고백교회의 구성원으로 유대인에 대한 학대와 과도한 민족주의, 그리고 아리아인이 아닌 기독교 성직자를 퇴출하는 사회적 현상에 반대하는 등 나치에 대해서 비판적이었다.

불트만은 그런 신화적 용어들 때문에 많은 현대인들이, 성서와 성서에 나오는 이야기에 나타나는 고유한 구원의 메시지를 함께 거부하는 경향을 보인다고 생각했다. 그가 보기에 이런 상황을 해결하는 방법은, 그리스도의 구원을 현대적이고 철학적이며 심리학적이고 과학적인 언어로 다시 쓰는 것이었다. 그러므로 비로소 현대의 남성과 여성은, 신화적인 용어가 더 이상 전달하지 못하는 진리를 확인할 수 있을 것이라고 여겼다. 그래서 불트만은 그의 신학적 저술에서 기독교 메시지의 신화적인 표현을, 새롭고 실존적인 해석으로 교체시키려고 시도하였다. 성서의 역사적 관점은 그에게 중요하지 않았다. 조직신학자 폴 틸리히도 성서의 "비신화화(demythologization)"를 요청하는 불트만의 메시지에 영향을 받았다.

계몽주의 :
임마누엘 칸트의 이성주의

신정통주의의 뒤를 이어 일어난 계몽주의는 로마가톨릭주의, 개신교 정통주의를 동시에 반대하고 나서면서 임마누엘 칸트가 주장하는 대로 "네 자신의 이성을 사용할 용기를 가져라. 바로 이것이 계몽주의의 모토다."라고 한 것과 같이 이성의 역할을 매우 중요시했다. 학적으로 계몽주의는 18세기 독일에서 형성된 근대 기독교 사상운동으로 초자연적 종교를 반대하고 인간의 이성의 중요성을 확신했으며, 인간의 삶의 행복을 극대화시키려는 경향을 지니고 있었다.

계몽주의는 신정통주의의 계시 의존의 신앙을 배제하고 경험과 이성에 전적으로 의존 하는 신학으로 전환시켰다. 계몽주의는 자율, 이성, 자연과 낙관주의, 그리고 진보와 관용과 세속화를 특징으로 한다. 계몽주의는 네덜란드, 영국, 프랑스, 독일 등에서 전개되었다. 계몽주의는 자연적으로 정치적 자율 사상을 낳기도 했다. 계몽주의는 이성의 역할을 극대화하고 탈교리주의 성격을 지니고 있어서 정통주의로부터 강한 비판을 받았다. 계몽주의는 후에 합리주의와 경험주의와 더불어 유럽에서 활발하게 전개되었다.

합리주의 :
데카르트, 스피노자, 라이프니츠의 자유주의 운동

합리주의와 자유주의는 때로는 거의 같은 의미로 사용될 때가 있고 어떤 때는 조금 다르게 쓰이기도 했다. 한 가지 공통점은 종교개혁파들이 주장하는 신앙을 기초로 신의 존재를 찾아보려는 것이 아니고 최대한 인간의 이성을 통하여 찾아보려는 것이다.

합리주의는 데카르트, 스피노자 그리고 라이프니츠에 의해 대표된다. 르네상스 시대에 들어오면서 합리주의와 경험주의도 거의 동시에 등장하기 시작하였는데 합리주의가 이성으로 신의 개념을 추구하는 동시에 경험주의에서는 초월적인 개념에 대하여 이성보다 인간의 체험 또는 경험을 통해서 찾아보고자 하는 것이다.

중세 시대에 철학과 신학, 이성과 신앙 등의 논쟁으로 오랜 세월을 보냈지만 결국에는 종교개혁이 일어나게 되고 그 후에는 다시 종교개혁과 더불어 인간의 가치와 실존을 다시 찾아보려는 르네상스 시대가 오는데 이 시대는 17세기까지 이어진다. 동시에 르네상스는 자유주의를 표방하면서 현대로 가는 길목이 되기도 했다. 사실상 르네상스 시대에 들어오면서 중세 시대의 신학과 사상은 점점 자취를 감추기 시작했다. 점차로 신을 떠나서 자아의식의 르네상스 운동이 활발해짐에 따라 후대의 가톨릭 교황들도 본연의 임무를 떠나서 세속화되어 가고 품위가 떨어지고 경박해지고 사치스러워져서 로마 교황청의 본래의 모습은 많이 쇠퇴해졌다.

르네상스의 어원적의 의미는 '부활, 재발견'이라는 뜻인데 중세 시대에 유행하던 히브리 및 희랍문화 그리고 로마문화를 되찾음으로 인간 본연의 자세로 돌아가자는 운동이다. 중세가 무시했던 인간의 존엄성, 잃어버린 인간의 정신적 지혜의 거듭남으로 본래의 인간성을 회복하자는 것이다.

르네상스 시대에 합리주의 사상은 17세기에 들어오면서 아주 활발히 전개되었는데 합리주의 사상가의 선구자인 데카르트는 과거 유행했던 아퀴나스의 접근 방법을 뒤집었다. 아퀴나스는 하나님을 증명하기 위해 이 세상을 사용한 반면에 데카르트는 이 세계의 존재를 위해 하나님을 이용했다. 데카르트에 의하면 하나님에 대한 인간의 의무는 필요치 않다고 본다.

합리주의자에 의하면 법률은 하나님의 뜻이 아닌 국민의 의지를 나타내고 있으며 정부는 그들의 권한을 전능자로부터 획득한 것이 아니라 피지배자의 동의로부터 얻어내고 있다. 그리고 기독교인들은 성경에서 이야기하고 있는 기독교 신앙의 실제적인 근거를 너무나 맹목적으로 믿고 또한 찾고 있다고 반증을 하고 있다.

종교개혁 시대가 하나님의 재발견이라면 합리주의는 그 반대로 인간의 재발견이요 인간의 특수성을 강조한다. 합리주의는 모든 것을 이성에 따라 판단하려고 시도한다. 이성을 통해 초자연적인 것은 모두 없애고 모든 것을 자연적으로 있는 그대로 추구해 보려는 시도가 강하다. 합리주의에서는 이성이 가장 중요한데 이성을 올바로 사용함으로써 정확한 논리적 추론이 가능하다는 것이다.

16세기 종교개혁자들의 주요 관심사는 하나님이었다. 그러나 17세기에 들어오면서 합리주의자들은 하나님이 아닌 이 세상에 대하여 그만큼 몰두했다. 그들의 문제는 하나님과의 개인적인 관계를 분명히 하는 것이 아니었다. 그보다 그들의 흥미를 끈 것은 하나님이 우주의 설계자가 아니라 자연 그대로의 우주의 합리적인 구조 연구이다.

이 합리주의에서 나중에 유신론적, 무신론적 실존주의가 발생하게되었다. 유신론적 실존주의를 대표해서 키르케고르, 야스퍼스, 마르셀 등이 나타났고 무신론적 실존주의를 대표해서 니체, 하이데거, 사르트르 등의 활약이 컸다.

합리주의의 대표자들인 데카르트와 스피노자와 라이프니츠 등은 실체의 개념에 대하여 논할 때 유신론적 혹은 무신론적 입장으로 갈라진다. 유신론적 합리주의에서는 모든 존재하는 것은 하나님 안에 있고 하나님께서는 자연밖에 존재하는 것이 아니라 자연 안에 계신다고 생각한다. 하나님은 사물 안에 계시며 만물의 일시적 근원이 아니시고 영원한 근원이시라고 말한다.

데카르트는 프랑스의 합리주의의 대표주자로서 그의 저서인《방법서설》에서 "나는 생각한다. 고로 나는 존재한다."고 말함으로써 합리적인 주체의 근본원리를 처음으로 확립했다. 그는 말하기를 모든 "다른 것은 의심할 수 있어도 그가 의심하고 있다는 사실은 의심할 수 없다는 인식에 도달"한다고 하면서 "하나님 안에서 나의 존재를 찾아보려는 것이 아니라 나라고 하는 독립된 실존의 입장에서 신의 존재를 찾아보려는 것"이라고 했다.

데카르트는 명목상 가톨릭 신자였다. 그는 말하기를 "만약에 신이 존재한다면 유한한 존재로서의 자신에 대한 개념이 무한한 존재인 하나님이 존재함을 부인하기는 힘들 것"이라고 했다. 그러나 "때로는 무한한 하나님이 진정으로 존재하는지를 의심해 볼 때가 있다."고 고백한다. 그는 또한 하나님은 완벽하시기 때문에 우리를 기만하지는 않으신다는 주장을 옹호하기도 한다.

그리고 무신론적 합리주의자인 스피노자는 유대인으로 자유사상가였다. 그의 논쟁 속에서 하나님은 인간의 자유의지에 제한을 두었고 동시에 하나님께서 인간을 개인적인 방법으로 사랑하실 수 있다는 사실

은 잘못된 생각이라는 것이다. 스피노자의 교의에 전체적인 논리는 상당히 비인격적이고 기계적이다

대부분의 무신론적 합리주의자들과 마찬가지로 **라이프니츠도** 신은 하나의 가정된 추상적 개념으로서 우리의 현재의 경험에서 우리가 개인적으로 만나는 신은 아니라고 주장한다. 그러나 유신론적 합리주의자인 **파스칼**은 무신론적인 합리주의와는 반대로 초기교회 시대의 신학자인 어거스틴의 입장을 강조했다. 그는 철학자나 과학자의 신이 아닌 아브라함과 이삭과 야곱의 하나님을 강조하였다. 파스칼의 주요저서인 《팡세》를 통해 당시의 무신론적인 합리주의에 대항해서 반대의 논증하려 했다.

그는 말하기를 인간에게서 가장 견딜 수 없는 것은 욕망, 무가치함, 공허함 그리고 나약함이라고 하면서 여기에서 불행함, 분노, 좌절과 절망감이 생겨난다고 했다. 이 때문에 이러한 문제를 해결하기 위해서 절대자의 도움이 필요하게 된다고 한다. 하나님은 이성을 통하여 알 수 있는 것이 아니다. 그렇다고 하나님을 쉽게 만날 수 있는 것도 아니다. 우리는 하나님을 알기 위해 일생을 기독교에 걸어야만 기독교의 진리를 알 수 있다고 본다. 파스칼은 지성보다 자기의 의지를 더 강조했다. 여기서 믿으려는 의지는 모든 지적인 명상을 축출한다고 본다. 하나님을 아는 것과 사랑하는 것 사이에는 엄청난 차이가 있다고 보고 우리는 일생을 통해서 하나님을 사랑하도록 노력해야 한다고 강조한다. 그는 기독교의 진리가 논증보다 더 깊은 곳에 있다는 것도 깨달았다.

경험주의 :
존 로크의 경험론

　합리주의와는 조금 다르게 경험주의는 흔히 철학에서 감각과 경험을 통해 얻은 증거들로부터 비롯된 지식을 강조하는 이론이다. 합리주의가 인식 원천을 오직 이성에게만 추구하는 것과 아주 대립된다. 경험주의에서는 이성을 통한 인식보다는 경험과 증거 특히 감각에 의한 지각을 강조한다. 모든 것을 합리주의적 사고방식으로 철학적 체계를 세우려고 노력했던 합리주의자들과는 대조적으로 경험주의자들은 지식 안에서의 경험의 역할을 강조했다. 이 경험주의는 후에 18세기에 많이 유행했는데 그들의 주장은 감각을 통해서 오는 경험에서 파생된 개념 이외에는 아무것도 가지지 않고 있다는 것이다. 그들은 모든 것을 경험 속에서 시험함으로써만 그것의 참과 거짓을 가려낼 수 있다고 본다.

　경험주의는 개신교 신학계에서 성령의 체험과 방언과 계시를 중요시 여기는 은사주의를 잉태하였다. 오늘날의 경험주의 철학에서는 인간이 쉽게 정의 내릴 수 없는 신학의 형이상학적 개념들 때문에 신학의 중요성을 부정하는 경우가 많지만 은사주의 신학에서는 오히려 신학의 학

문화를 중요시 여기는 경우가 많다. 은사주의 신학에서는 신학의 형이
상학적 개념들의 체험을 중요시 여기기 때문이다.

은사주의 자체는 오순절교회와 동의어는 아니지만, 은사주의가 조직
화되어서 정통교회의 분파로 인정받은 교파가 오순절교회이다. 은사주
의에서 좀 더 발전된 형태가 바로 신사도 운동이다.

그리고 은사주의자들 중에서 시한부 종말론설을 주장하다가 이단으
로 단죄 받은 분파가 재림파이다. 한편 현재까지도 재림파의 영향을 버
리지 않은 분파는 세대주의 신학이다. 기독교 종말론을 매우 강조하고
때때로 시한부 종말론을 주장하는 것도 재림파와 매우 비슷하다. 그래
서 한국은 물론 여러 나라에서 종말론을 주장하는 재림파를 이단으로
단죄하였다. 오순절교회에서는 은사주의의 분파라는 이유로 세대주의
신학에 대해서 가끔 호의적으로 바라보기도 하지만, 시한부 종말론이
라는 단점 때문에 꽤 안타까워하기도 한다.

존 로크(John Locke, AD 1632~1704)

그동안의 신학과 신앙과는 조금 다르게 로크는 인간의 경험을 중시
여겼다. 그는 신학, 철학, 이성 그리고 신앙 어느 것도 버리지 아니하
였다. 오히려 이 모든 것을 경험에 필요한 도구로 사용하였다. 경험주
의의 대표적 주자로 존 로크(John Locke, AD 1632~1704)를 들 수 있다.

그는 또한 영국의 철학자요 정치사상가로 옥스퍼드 대학 시절에 합리주의자인 데카르트의 저서를 읽고 많은 감명을 받았으나 그 자신의 접근 방법은 매우 달랐다. 로크는 신앙과 이성에 대하여 다음과 같이 정의했다. 신앙은 이성의 추론에 의해 만들어진 명제에 동의하는 것이 아니다. 기독교 신앙에는 이성을 초월한 양상을 가진 것도 많이 있다.

로크는 이성으로 믿을 수 있는 근거를 마련하고 더 나아가서 이성을 초월한 것을 받아들이는 것이 믿음이라고 말하고 있다. 로크에게 기적은 신의 증명을 확신하는 사람에게 오며 이런 사람들에겐 기적의 진실성에 대하여 묻지 않는다. 17세기 초·중기 유행했던 합리주의에 대한 응답으로 존 로크는 《인간지성론》이라는 책에서 인간이 얻을 수 있는 지식은 오직 경험에 기반을 둔다는 것으로 아주 영향력 있는 견해를 그는 제시했다. "우리는 일상생활을 하면서 여러 가지 상황에 부딪치게 되고 예상치 않았던 일들을 경험하게 된다. 이러한 예기치 않은 상황은 신이 아니면 예상할 수 없다. 이것을 부정하는 사람은 거의 없으리라 본다."고 로크는 말했다.

로크는 인간은 태어나자마자 아무 경험도 하지 않았고 얻은 것도 없기에 머릿속이 하얗다는 것이다. 우리 머릿속은 지식도 없고 생각도 없는 Nothing(無)이기 때문에 앞으로의 경험이 얼마나 중요한가를 로크는 우리에게 경계하는 것이다. 인간은 태어나자마자 물질과 정신이 공존하는 이 세계에서 경험을 하면서 모든 것을 습득하고 살게 된다. 이 경험을 통해서 자신의 가치관과 사고방식, 하나의 틀이 형성된다고 로크는 강조한다.

존 로크 이후에 유럽에서는 계몽주의에 영향을 받아 자유주의가 다시 자리를 잡기 시작하여 전통적인 신앙을 위협하기에 이르렀다. 미국에서는 독일로부터의 성경고등비평, 영국으로부터의 진화론, 국내에서의 산업혁명과 도시화로 인해서 자유주의 물결이 강하게 일어나서 영적 가치 중심에서 물질 가치 중심으로의 변천으로 현대주의 시대로 바뀌어 갔다.

현대주의에 들어오면서 Post modern 그리고 종교다원주의 운동이 활발히 전개되는데 특이할 만한 것은 정치 문화 사회 종교 등 모든 분야에 있어서 평등화 시대로 바뀌기 시작했고 기독교의 정통주의 신앙과 신학은 저물어 갔다.

또 한편 20세기에 독일과 프랑스에서 자유주의, 합리주의의 물결이 강하게 일어날 때 영국에서는 이러한 위기에 대비하여 1846년 복음주의연맹(Evangelical Alliance)을 결성하여 자유주의 도전에 맞섰고, 미국에서는 근본주의 운동이 일어나 합리주의에 맞섰다. 20세기 후반부터는 새로운 시대적 흐름에 따라 기독교를 조정하려는 현대 자유주의자들과 역사적 기독교를 지키려는 근본주의자들 사이에 치열한 논쟁이 벌어지기 시작했다.

이런 논쟁에서 현대 자유주의가 우세하기에 이르렀다. 근본주의자들은 점차 영향력을 상실하기 시작했는데 영향력 상실의 결정적 요인은 근본주의 운동의 분열이었다. 근본주의자들은 1920년대까지 연합과 연대를 통해 현대자유주의에 효과적으로 맞서려 했으나 1930년대이후 근본주의는 분열로 인해 급격하게 영향력을 상실하고 소수의 모반자로 전락하고 말았다.

근본주의 운동이 분열되고 쇠퇴하는 반면에 또 한편으로 미국에서는 새로운 운동인 복음주의 운동(Evangelicalism)이 일어나기 시작했다. 복음주의 운동은 중세 종교개혁 운동을 거울삼아 다시 성경을 진리에 기본으로 환원하자는 운동으로 종교개혁의 역사적 기독교를 지키면서 근본주의자들의 분리주의를 극복하고 사회적 책임을 구현하려고 하였다.

결과적으로 20세기 후반에 들어와서 기독교(개신교)는 독자적인 교파운동을 떠나 모든 종파를 초월해서 에큐메니컬 운동이 전개되는 시대를 맞이했다. 1946년에 결성된 세계기독교협의회(WCC: World Council of Churches)는 처음 의도였던 복음의 세계화를 목적으로 하였으나 각국의 문화와 전통 풍속들의 다양성으로 인해 진보주의 방향으로 흘러가고 말았다. 이 에큐메니컬 운동은 사실상 신정통주의자들이 중심이되어 형성됐으나 각 교파의 비협조적인 태도로 생각보다 큰 효과를 거두지 못하고 겨우 명목을 유지할 뿐이다. 반면에 1946년에 또한 결성된 국제기독교협의회(ICCC: International Council of Christian Churches)도역시 극단적 분리주의로 인해 전혀 영향력을 발휘하지 못하고 소멸되고 말았다.

이렇게 서구와 미국의 기독교(개신교)가 세속화 길을 걷는 반면 아시아, 아프리카, 남미의 개신교는 복음주의의 영향으로 놀랍게 성장했다. 20세기 후반에 접어들어 기독교의 중심축이 서구에서 제 3세계로 이전되는 현상이 일어나기 시작했다.

제 3 장

개신교와 가톨릭의 현황

중남미 :
해방신학과 개신교의 성장

중남미는 교회 시작부터 가톨릭이 강세를 이루고 있다. 기독교 국가인 스페인과 포르투갈의 식민지였던 중남미는 가톨릭의 사제들이 경영하는 농장과 이 농장에서 일하는 농민들의 관계는 주종관계의 봉건주의로 수백 년 계속되었다.

가톨릭 사제들이 영주이고 신도들은 소작인이며 농부로서 사제들에게 착취를 당해 왔으므로 소작인인 신도들은 이들의 압박에서 벗어나려고 노력해 왔으며 드디어 가톨릭의 교권주의와 봉건주의에 대항하여 해방신학이 나타나 소작인들의 권위를 회복시켜 주려고 많은 노력을 기울여 왔다.

중남미 가톨릭의 부패상이 점점 커지면서 점차로 북미의 개신교 선교사들의 노력과 헌신으로 개신교가 자리를 잡기 시작하였다. 최근 가톨릭에서는 남미에서 빠르게 부흥하는 개신교에 대한 대책 마련을 위한 회동을 잇달아 갖고 대책을 마련하려고 애를 쓰고 있다. 이러한 가톨릭교회의 신교에 대한 압력으로 가톨릭과 개신교에 대한 관계는 아주 최하까지 내려갔다.

멕시코, 칠레 등 주요 가톨릭 주교들은 최근 모임을 갖고 앞으로 가톨릭 신자들이 개신교회로 이동하는 것을 막기 위해 힘쓸 것을 결의했다. 한편 이러한 모임이 새로운 탄압의 시작이 될지 모른다는 우려에 대해 브라질과 아르헨티나, 칠레 등의 주관으로 회의를 소집하여 가톨릭의 이번 결의가 개신교회와 분쟁을 일으키려는 것이 아니라 체계적이고 적극적인 대화를 통해 선의의 경쟁을 벌이려는 취지라고 해명하고 있으나 설득력이 많이 떨어진다.

아프리카 :
가톨릭과 이슬람교의 분쟁

한때 검은 대륙으로 알려지며 관심을 두지 않았던 아프리카는 수백 년 동안 유럽 국가들의 식민지로 살아오면서 자연적으로 그들의 종교를 받아들이게 되었는데 대부분 기독교 특히 가톨릭이었다. 그러나 아라비아에서 이슬람교가 태동하면서 아프리카에 대한 그들의 과격한 해외선교에 힘입어 이슬람교는 급성장하기에 이르렀다.

아프리카 대륙 내에서 사람들이 가장 많이 믿는 종교는 무엇일까 하고 물어 본다면 자연적으로 가톨릭과 이슬람교라고 말할 정도로 두 종교가 양분되어 있다.

아프리카는 55개 국가로 그 안에 약 2,000~3,000개의 민족이 있다. 이 중에서 전체 인구의 절반 정도가 가톨릭 교인이다. 현재 기독교인이 거의 없는 국가는 소말리아, 모로코 그리고 모리타니 등이다. 또한, 전체 인구의 절반 가까이가 이슬람교를 믿고 있다. 토속신앙을 유지하고 있는 나라는 5% 정도이다.

특히, 나이지리아는 인구가 많고 이슬람과 기독교가 분리되어 있기 때문에 다른 아프리카 국가들보다 내전이 많이 발생하였다. 또한, 카메룬에서는 강한 이슬람교 세력으로 인해 기독교 활동이 제한적이다. 중앙아프리카 공화국의 여러 지역에서도 민족 분쟁과 종교 분쟁이 갈수록 더 많이 발생하고 있다. 따라서 아프리카에서는 이슬람교와 기독교인 간 유혈분쟁이 계속되고 있다.

이슬람교는 7세기에 아라비아반도에서 아프리카로 전해져 지중해 연안 지역으로 퍼졌다. 이슬람교가 사하라사막을 넘어 아프리카까지 퍼지기 시작한 것은 11세기 무렵이다. 과격한 선교 활동 그리고 북아프리카와 교역 활동이 활발해지면서 빠르게 전파되었다. 이슬람교의 전파 활동은 19세기 말에 시작된 서양의 아프리카 식민지 지배 시기에도 계속되었다.

오늘날 아프리카의 이슬람권은 북부와 서부 지역을 중심으로 하며, 동부에서는 수단, 소말리아, 에티오피아, 그리고 케냐에서 탄자니아를 거쳐 모잠비크 북부에 이르는 연안부에도 띠 모양으로 이슬람권이 형성되어 있다. 중앙아프리카에서는 차드(인구의 50%)와 카메룬(20%) 등의 국가에서 이슬람교가 급성장하고 있다. 아프리카의 이슬람교도의 총수의 절반이 북아프리카, 1/4이 서아프리카, 나머지 1/4이 동부 및 중앙아프리카에 각각 거주하고 있다.

초기 기독교는 1세기 이후 지중해 연안에서 북아프리카로 전래되었다. 그러나 본격적으로 아프리카에 전파된 시기는 15세기 말 포르투갈의 이 지역 진출에 따른 것으로, 그 뒤 현재의 콩고 그리고 앙골라에서 선교사들에 의해 교회가 세워졌다. 그리고 아프리카에서 개신교의 본격적인 선교 활동이 시작된 것은 18세기 이후이며, 19세기 말부터 시작된 식민지주의의 본격적 진출과 함께 선교 활동도 절정에 달했다.

아프리카의 기독교는 가톨릭이 다수를 이루지만 그 외에도 개신교, 정교회, 성공회 그리고 아프리카 독립 기독교회(African Independence Christian Church)가 있다. 기독교의 분포 지역은 대체로 이슬람교도의 분포 지역을 제외한 나머지 아프리카 지역이다.

이외의 종교로는 힌두교가 있다. 분포 지역은 인도계 사람이 많은 남아프리카공화국이나 케냐 등 동아프리카 일부에 한정되어 있다. 이 밖에 아프리카 대륙 내의 사람들은 대부분이 애니미즘(animism, 천체와 자연에도 영이 있다는 학설)으로 분류되는 여러 가지 토속종교도 존재한다.

북아프리카와 사하라 사막 일대는 수백 년에 걸친 아랍인들의 꾸준한 전파로 완전히 이슬람화 되었고 중남부아프리카는 서구 열강의 식민지 시절을 거치며 기독교(가톨릭, 개신교)가 급속도로 확산되었다. 따라서 중남부아프리카 대부분 국가의 기독교 신자 비율은 7~80%로 굉장히 높고, 토착신앙 믿는 사람들은 5~10%이다.

이슬람교를 신봉하는 북수단과 기독교와 전통 종교를 신봉하는 남수단 주민 사이에 일어난 분쟁은 심각할 정도이다. 또 오랫동안 프랑스의 식민 지배를 받았던 차드에서는 1960년 독립 이후에 대다수 주민이 이슬람교를 믿는 북부와 기독교 및 기타 종교를 믿는 남부의 갈등으로 결국 1966년 내전이 일어났다. 아직까지도 종교로 인한 많은 벽이 있지만 최근에는 서로의 종교를 인정하고 존중하며 빈부격차와 빈곤의 극대화, 국가이기주의, 기후변화 그리고 다양한 테러의 위협 등의 문제를 해결하기 위해 신경을 쓰고 있다.

현재는 아프리카의 개신교도 역시 정치적인 면을 떠나서 사회문화적으로도 보수적인 태도를 보이면서 동성결혼 문제 그리고 성소수자 인권 증진을 반대하고 나서고 있다. 이러한 문제에 대하여 유화적인 경향성이 있는 영국 성공회와는 달리 아프리카 성공회는 보수적인 성격을 띠고 있다.

아시아 :
동양종교와 기독교와의 갈등

아시아는 어느 대륙보다 가장 크고 인구가 많고 종교도 다양한 곳으로 잘 알려져 있다. 기독교를 제외한 불교, 유교, 힌두교 그리고 이슬람교 등 수많은 종교의 발상지이다. 아시아는 동아시아, 동남아시아, 남아시아, 중앙아시아, 서아시아(중동) 등으로 구분되어 있다.

동아시아는 중국, 일본 그리고 한국 등을 포함하는 유교적 풍속이 주로 강한 지역으로 기독교는 한국을 제외하고는 별로 발전하지 못했다. 불교 인구가 약 20%에 해당하는 것에 비해 기독교는 한국의 22%를 제외하고는 6%에도 미치지도 못한다.

동남아시아의 경우, 필리핀, 말레이시아, 태국, 미얀마 그리고 베트남 등을 포함하여 불교 인구 24%에 비해서 기독교(가톨릭 포함)가 21%에 해당하는 것은 필리핀의 기독교 영향이 크기 때문이다. 인구가 많은 필리핀은 전 인구의 약 85%가 가톨릭 교인이기 때문이다.

남아시아의 경우 인도, 파키스탄, 방글라데시, 네팔 및 스리랑카 등 대부분 힌두교나 이슬람교의 영향이 막강해서 기독교는 겨우 2% 조금 넘는 종교로 아주 미약하다.

　중앙아시아는 카자흐스탄, 우즈베키스탄, 키르기스스탄 등의 국가들이 러시아의 정치, 종교 및 문화권에 속해 있어서 항상 압력을 받고 있다. 때문에 개신교는 집회 때마다 허락을 받아야 함으로 지하집회 (underground worship) 등이 비밀로 진행되어 오고 있다.

　서아시아 즉 중동에는 이슬람교의 메카인 사우디아라비아를 위시해서 이란, 요르단, 아랍에미리트, 레바논, 팔레스타인 그리고 튀르키예 지역 등 대부분 이슬람교 국가로 형성되어 있어서 기독교는 겨우 4% 정도로 명맥을 유지할 정도이다.

유럽 :
전통적인 가톨릭과 형식화된 개신교

　종교개혁 이후에 유럽 국가의 개신교는 많은 변화를 가져왔다. 유럽의 개신교회의 발전상은 나라마다 조금씩 차이가 있으나 유럽에 알려진 일반적인 기독교는 대강 가톨릭, 정교회, 개신교 등 세 가지로 크게 나뉘진다. 그중에서도 가톨릭이 주류인 프랑스나 스페인, 중남미 국가들에서는 가톨릭교회가 가장 영향력이 있는 종교로 대두되고 정교회가 주류인 러시아에서는 러시아 정교회가 사실상 국교의 지위를 회복하며 주류세력의 구심점이 되어가고 있다. 또 한편 개신교는 절대적인 기독교적 가치를 추구하는 보수 세력과 근대 세속주의나 무신론 성향이 강한 좌파로 나뉘어졌는데 세속주의는 특히 계몽주의와 칼 마르크스(Karl Marx, 독일 공산주의 혁명가)의 공산주의 영향으로 탈종교적 가치를 추구하기에 이르렀다.

　동유럽의 경우 남유럽의 스페인과 포르투갈 등의 가톨릭 정치세력과는 다르게 러시아 정교회는 교권주의를 바탕으로 그리고 러시아 정부의 도움을 얻어 새로운 정치세력으로 등장하여 세력을 구축하고 있다.

이와 반대로 러시아의 소수 종교인 개신교계는 러시아 정교회의 압력에 못 이겨 종교로서의 이미지를 구축하지 못하고 정치적 영향력도 별로 힘을 얻지 못하고 있다.

서유럽의 경우에도 종교개혁 이후 개신교가 하나의 정치세력으로 대두되었음에도 불구하고 미국 개신교만큼 정치적 영향력이 크다고 볼 수는 없다. 그리고 종교개혁에 앞장을 섰던 독일은 점점 세속주의적으로 바뀌고 기독교적인 색채가 상당히 쇠퇴했다고 보아도 무방하다.

대부분의 북유럽의 경우에 기독교는 프랑스와 비슷한 모습을 표방하고 있다. 아이슬란드, 핀란드, 노르웨이, 덴마크등 기독교는 거의 세속화가 되어 가고 있고 동성결혼 법제화에 호의적인 입장을 취하고 있다. 유독 스웨덴에서는 교회 출석률이 높은 편인데도 불구하고 낙태 등을 허용하는 국가로 알려져 있다.

유럽 주요 국가들의 기독교(가톨릭 포함) 현황을 분석해 보면 아래와 같다.

a. 네덜란드 : 신개혁주의

네덜란드의 개신교 현황은 종교개혁 직후와 그리고 근세에 들어와서 아주 다른 양상을 보이고 있다.

최근의 네덜란드의 종교 현황을 보면 2022년 통계 기준으로 15세 이상 네덜란드 국민 중에서 무종교인은 무려 57%에 달하며, 가톨릭은 18%, 개신교가 13%, 이슬람교가 6%, 기타 종교가 6%를 차지하고 있다. 특이하게도 무종교 비율은 공산주의체제를 겪지 않은 서유럽 국가로서는 매우 높은 수치이다.

종교개혁 후 17세기부터 20세기 초까지는 인구의 60%가 네덜란드 개혁교회 교인으로서 유럽의 개신교 본부 역할을 하면서 사회적, 문화적으로 큰 영향력을 행사하였다. 더 나아가서 개신교 개혁파 지도자인 아브라함 카이퍼 목사는 총리로 선출되어 정치 분야에도 많이 관여하게 되었다. 그러나 20세기 중간부터 개신교는 급격한 감소세를 탔고 무종교인이 늘면서 개신교는 사실상 소수 종교로 전락해 가고 말았다.

네덜란드가 형식상 개신교의 정통주의 명목을 유지하기 위해서 만들어 낸 이름이 신개혁주의이다. 이 신개혁주의는 가톨릭과 연합하여 종교적이라기보다 정치적인 세력을 구축하고 있었다. 때로는 개신교는 독자적으로 활동하기보다는 세속주의들과 연합하여 목소리를 내는 경우도 많았다.

전통적으로 네덜란드는 상업과 무역이 발달한 특성상 다양한 종교와 사상이 공존할 수 있는 환경이었으며, 이로 인해 1950년대 이후부터는 개신교, 가톨릭, 사회주의, 세속주의가 공존하는 국가가 되었다.

네덜란드의 가톨릭도 1980년대까지는 개신교보다 좀 더 오래 버텼지만, 그 후 급격한 감소세를 보이기 시작했고 미사에 참례하는 신자들도 많이 줄었다. 가톨릭 미사에 참여하는 대다수는 여행자들로 구성되어 있으며 통계상으로만 제1 종교 집단의 지위를 유지하는 수준에 그쳤다. 사실상 이웃인 벨기에의 가톨릭 비중이 50%란 것과 비교하면 네덜란드의 가톨릭은 아주 미약한 편이다. 더욱이 1960년대 이후부터 네덜란드는 탈종교 현상이 두드러져 종교 국가의 이미지가 많이 상실되었다.

최근에는 다른 유럽 국가들처럼 난민과 이민자들을 받아들이기 시작했는데 그중에서 무슬림 인구가 증가하면서 기독교계에서는 반이슬람 감정이 높아지는 추세이다. 유럽계 프랑스, 스페인 등이 그들의 식민지 정책에 따라 식민지의 토착 종교에 압력을 가하여 강제로 기독교 국가로 만들려는 정책과는 반대로 네덜란드는 자기의 식민지 나라인 인도네시아에게 별다른 종교적 영향을 끼치지 않았다. 이는 상업적인 이윤만 남기면 별 문제로 삼지 않는 네덜란드 항해자들 특유의 성격이라고 볼 수 있다. 제2차 세계대전 이후 인도네시아에서는 네덜란드에 대한 반감이 반기독교 감정으로 이어지면서 이슬람으로 개종하는 현상이 뚜렷해 현재는 인도네시아 인구의 약 80% 정도가 이슬람교도로 알려져 있다.

네덜란드의 개신교의 조직과 예배 형식은 다른 개혁교회와는 다소 다르다. 교회를 책임지는 직분을 목사(pastor)가 아닌 예배사회자 등 다른 명칭으로 부르고 목사와 장로가 동시에 예배주관자로서 성전으로 행진하여 같이 들어가서 악수를 나누고 예배를 주관한다. 다른 개혁교회와 다르게 상대적으로 의식적인 요소가 중시되고 찬송가를 부를 때 끝 절까지 다 부르지 않고 주제에 맞는다고 생각되는 1~2절 정도만 추려서 부른다. 성만찬 횟수도 1분기당 1~2회 정도로 많은 편이다.

그리고 한국 개신교도 입장에서 볼 때는 상당히 황당해할 만한 요소들도 있는데 십자가는 안 건다면서 평화를 상징하는 PX 표시를 걸어 놓는 습관은 남아 있다. 그리고 2~3부제로 예배를 진행할 경우 1부와 2부 사이의 기간이 길다. 1부가 10시에 있으면 2부는 저녁 5시에 행하는 습관이 있다. 그리고 한국 개신교처럼 교회 안에서 점심을 먹는 문화가 없고, 집에서 점심 먹고 놀다가 저녁 되면 다시 교회 가는 식으로 일요일을 보내는 경우가 많다. 그리고 한국에 비하면 주일학교나 유년부, 청년부 개념이 상대적으로 덜 발달되어 있다.

현재 네덜란드에도 일반 다른 개신교회처럼 진보파와 보수파가 공존하고 있다. 그러나 다행히도 진보파와 보수파가 연합하여 세계적인 대학인 자유 대학교(University of Amsterdam)를 설립한 것은 본받을 만하다.

현재 네덜란드 개혁교회와 한국의 예장고신, 예장합동 교단은 자매결연을 맺었으며 근본주의 기독교 지도자들의 대부분이 네덜란드의 자유 대학교에서 교육을 받아 한국에서 활동하고 있다 그 외에 한국 장로교 교파들도 영국의 웨스트민스터 신앙고백서와 더불어 칼뱅주의에 입각해서 만들어진 네덜란드의 도르트 신조를 신앙고백서로 사용하고 있다.

네덜란드 신학자로는 코넬리우스 반틸 같은 변증법적 개혁주의 신학자가 있었는데 미국의 Philadelphia의 웨스트민스터 신학교에서 오랫동안 가르쳤다. 이 신학교는 현재 부산의 고신대학교와 자매관계를 맺고 있다.

이 네덜란드의 개혁교회도 제2차 세계대전 이후부터는 영미권처럼 에큐메니컬 성향으로 많이 바뀌고 2017년 6월부터 여성목사 안수를 허용하기 시작했는데 근본주의의 대표적인 교단인 한국의 예장고신 측에서는 이에 대해 매우 당황하는 반응을 보였다.

b. 프랑스 : 개신교의 사양길

프랑스의 경우에는 비록 개신교의 교세가 급격히 저하되기는 했지만 가톨릭 교세는 여전히 강한 정치세력으로 남아 있다. 개신교는 점점 세속주의에 휩쓸려 동성결혼을 허용할 만큼 자유주의적인 색채로 변해가고 있다. 개신교의 목소리가 상대적으로 약하기 때문에 개신교는 대신 가톨릭교에 묻혀 정치세력으로 활동하는 경우가 대부분이다. 프랑스의 가톨릭 주교들과 사도직 간부의 다수는 프랑스 정치세력과 친밀한 관계를 맺어 왔다. 그래서 정치인들도 음양으로 가톨릭계에 혜택을 제공하거나 이들의 의견을 반영한 입법 활동을 하는 경우가 많았다.

현재에도 프랑스에서 개신교는 소수 종교이다. 2020년 조사에 따르면 전체 인구 중 8%만이 개신교도이다. 프랑스의 무슬림 수치와 거의 비슷하다. 사실 2020년대 기준 으로 프랑스 개신교도들은 대부분 박해를 피해온 흑인들이거나 이슬람에서 위험을 무릅쓰고 개종한 아랍계 이민자들이며, 그리고 백인 개신교 후예들은 명맥이 남아 있기는 하지만 얼마 되지 않는다.

2013년 개신교 정통파는 루터파와 합동하여 '프랑스 연합 개신교회'가 되었다. 당시 개신교의 메카인 스위스의 영향을 강하게 받았음을 시사하는 명칭이기도 하다. 당시 가톨릭교회에서는 하나님과 돈을 둘 다 섬길 수 없다며 청빈(淸貧)을 강조한 반면에 당연히 장사를 하여 이익을 남기는 것이 중요한 부르주아 상공인 계급들은 깨끗한 가난을 주장하는 청빈교리에 대해서 엄청난 불만을 갖고 있었던 것이다. 그런데 "칼뱅은 부지런히 일해서 번 돈은 오히려 하나님의 축복일 수도 있으며, 성실하고 정직하게 일하여 번 돈으로써 사회에 기여를 해야 한다."라는 당시로서는 그야말로 센세이션한 주장, 건강한 자본주의 생각을 주장하므로 부르주아 계급으로부터 큰 호응를 얻었고 부르주아 계급은 칼뱅의 종교개혁 운동의 커다란 후원자가 되었다.

c. 폴란드 : 가톨릭 국가의 개신교 정책

동유럽의 경우 폴란드는 국가가 교회를 지배하는 것이 아니라 오히려 교회가 국가의 정치에 깊이 관여해 영향을 주는 것으로 정평이 나 있는 유일한 나라다. 폴란드는 상당히 세속화된 독일, 체코 등 주변 나라들과 다르게 아직도 인구의 95%가 가톨릭 신자로 정치적으로도 그 영향력이 막강하다. 심지어 일단은 국교 없이 종교의 자유가 보장되는 세속주의 국가를 표방함에도 불구하고 가톨릭적인 종교 교육이 공립학교 커리큘럼에도 포함되어 있다. 현재 이러한 특성 때문에 가톨릭계의 입김이 실제 정책에 반영되는 경우가 상당히 많으며, 폴란드 정치세력은 가톨릭계의 공공연한 지지를 받고 있다. 군소적인 개신교는 거의 존재감을 드러내 놓지 못하고 있다. 개신교는 가톨릭의 그늘 아래에서 오히려 보호를 받는 존재로 전락하고 말았다.

실제로 폴란드는 가톨릭이 강한 국가이므로 유럽에서 가장 강력하게 낙태를 제한하는 법을 통과시켜 폴란드 여성들이 스웨덴이나 다른 나라로 낙태 수술을 받으러 가는 경우가 많다. 2016년부터 정부 주도로 낙태한 여성과 수술을 진행한 의사를 형사 처벌하는 법안이 추진되었으며, 폴란드 가톨릭계에서 이를 지지하고 나서는 실정이다. 개신교에서도 가톨릭과 더불어 낙태를 금지하는 법에 동조하기에 이르렀다. 이러한 법이 추진되자 폴란드 페미니즘계에서는 당장 반기를 들고 일어났다. 그러나 세속주의자들의 반대에도 불구하고 결국 낙태제한법을 재추진하기로 해 논란이 다시 일어나고 있다.

d. 러시아 : 러시아 정교회의 교권주의와 개신교의 반항

러시아는 주후 약 860년경에 기독교가 전파되었고, 988년에는 기독교가 국교가 되었다. 당시 러시아는 정치적, 종교적, 문화적으로 후진국이었다. 러시아 교회는 종교적으로 문명화된 그리스정교회 소속이었으나 이 그리스정교회가 바른 신앙에서 벗어난다고 비판하면서 1448년 독립을 선언하고 러시아정교회를 창설했다. 이후 정교회는 그리스정교회와 러시아정교회로 양분되었다. 러시아 제국의 절대주의자였던 피터 대제는 러시아의 서구화를 힘썼고 황제 파울 1세 때 러시아 성직자는 국가 관리로 전락되었다.

러시아 정부는 러시아정교회에 민족적 정체성을 부여한데다가 정부 차원에서 정교회를 전폭적으로 지지하고 있으며 정치적으로, 사회적으로 정교회에 많이 의지하고 있다. 러시아 정부는 정교회에 대한 지원을 늘리고 러시아 폭정 시절 파괴된 성당들을 복구하고 있으며 사실상 러시아의 정교회가 거의 국교 수준까지 격상될 정도이며 심지어 모스크바 총대주교도 친정부 성향이고, 국외 순방에 대통령 전용기까지 이용할 정도로 깊은 우호관계를 유지하고 있다.

기독교인 개신교는 불행하게도 비세속적이고 인권유린적, 심지어 근본주의적이라는 비판을 많이 받아왔으며 또한 기독교는 예수의 가르침의 근간을 이루는 이웃에 대한 사랑을 외면한다는 이유로 러시아에서는 개신교인들을 혐오한다. 개신교는 비록 소수이지만 예배에 대하여 많은 제한을 받고 있으며 대중집회 때마다 정교회의 압박에 시달리고 있다. 그러나 특기할 만한 것은 러시아 정교회가 다루기를 꺼려하는 낙태, 동성결혼, 페미니즘, 퀴어축제, 성소수자 인권 운동 등에 대하여 깊이 관여하고 있다.

e. 이탈리아 : 바티칸 공화국과 교황청

기독교 초기부터 지금까지 가톨릭은 로마에 본부를 두고 로마 시내에 바티칸 왕국이 설립되어 세계 16억의 가톨릭 신자들을 통치하는 교황청이 들어서 있다.

그러나 제1차 세계대전 이후 이탈리아에서는 무솔리니가 등장하였는데, 무솔리니는 1922년 이탈리아의 총리로서 정권을 마음대로 휘두르는 독재자가 되었다. 그는 로마의 옛 영광을 구현한다면서, 이탈리아를 강력한 독재정부로 전환시켰다. 로마 교황청은 무솔리니와 좋은 관계를 유지하려고 애를 썼고 드디어 로마가톨릭은 이탈리아의 국교가 되었다. 이로 인해서 이탈리아의 가톨릭은 무솔리니 독재와 침략 전쟁을 반대하지 않았다. 이후 로마가톨릭은 무솔리니, 히틀러, 일본의 침략 전쟁 등을 반대하지 못하는 결과를 낳아 비판의 대상이 되었다.

이탈리아는 로마교황청과 직접적인 관계는 없으나 간접적으로 영향을 받기는 한다. 그러나 로마교황청이 여러 면에서 보수적인 정책을 세우고 동성애, 낙태 등을 반대하고 나서고 있으나 반대로 이탈리아는 아주 자유주의 정책을 써서 낙태 및 동성애 문제를 허락하는 호의적인 모습을 보여주고 있다.

그동안 로마교황청의 영향으로 교황청의 수장인 교황을 로마 추기경들 가운데에서 뽑는 경향이 있었는데 근세에 들어와서 이 정책이 다소 변해서 로마가 아닌 다른 나라에서 교황들이 선출되었다. 현 교황인 프란시스코도 아르헨티나 출신인데 그는 전 교황과는 달리 보수정책에서 벗어나 자유주의 정책을 펴려고 노력하여 보수 계통의 추기경들로부터 많은 공격을 받고 있다. 프란시스코 교황은 특히 동성애와 낙태문제 등에 대하여 애매한 태도를 취하고 있으므로 특히 미국의 보수 추기경들은 불편함을 드러내고 있으며 그리고 몇백 년 동안의 전통을 깨고 여자 사제 임명을 고려하고 있다는 프란시스코 교황의 생각에 대하여 상당한 반응이 있을 것으로 예상된다.

바티칸이 이탈리아 로마에서 세계 가톨릭계를 통치하고 있는 이상 이탈리아의 개신교는 명목상 존재할 뿐 큰 역할을 하지 못하고 있으며 대부분 가톨릭의 정책에 협조하지 않을 수 없게 되어 있다. 때로는 교황청은 개신교에 동정적인 눈초리를 보내기도 한다.

f. 독일 : 히틀러와 반나치주의

독일은 본래 종교개혁의 본산지였으나 제1차 세계대전 이후 1933년 히틀러가 정권을 인수함으로 독일 역사상 최대의 민주국가였던 바이마르 공화국은 무너지고 말았다. 비유대주의를 표방하고, 국가질서를 강조하면서, 외적으로 강한 독일을 지향하는 히틀러의 강력한 통치정책은 독일 교회 지도자들에게는 새로운 희망으로 보이는 것처럼 느

껴졌다. 히틀러는 교회를 국가교회로 통합시키고, 기독교회에서 유대적인 요소를 삭제했다. 교회는 나치의 지도자 원리를 도입하며 지극히 세속화로 가게 되었다. 이때 유대교 학살을 반대하는 반히틀러 그룹인 독일 고백교회는 다음과 같은 선언문을 발표하였다. "1. 성경은 우리가 사나 죽으나 신뢰하고 순종해야 할 하나님의 말씀이다. 2. 예수 그리스도 이외의 가르침을 배격한다. 3. 국가가 교회의 소임까지 하는 것을 반대한다."

그 후 히틀러 정책에 실망을 품은 독일 목회자들은 히틀러의 유대교 학살 정책에도 반기를 들었는데 그 대표 지도자들 중에 디트리히 본회퍼(1906~1945)와 칼 바르트(1886~1968)가 있다. 본회퍼는 히틀러 나치 정권이 6백만의 유대인들을 학살하려는 정책에 대항하여 싸웠다. 그래서 본회퍼는 죽음을 무릅쓰고 라디오 방송을 통해서 히틀러는 독일 국민들을 히틀러라는 우상을 숭배하게 한다고 경고하는 예언자적인 목소리를 내었고, 결국 방송은 중단 당하고 말았다. 신학자 칼 바르트의 표현을 빌리면 하나님의 말씀인 예수 그리스도를 따라야 할 교회가 히틀러를 그리스도로 따르고 있었기 때문에 이를 지적한 것이다. 하지만 디트리히 본회퍼는 나치의 탄압에 굴복하지 않고, 자신이 발표한 원고를 신문에 기고했다. 이때부터 본회퍼는 나치의 미움을 받기 시작하였다.

• **디트리히 본회퍼**(독일어: Dietrich Bonhoeffer, 1906~1945)

본회퍼는 본래 독일 루터교회 목사이자, 신학자이며, 반나치 운동가였다. 고백교회 설립자 가운데 한 사람이다. 그는 기독교 행동과 실천의 목회자요, 사회 구원 운동의 열정적인 목회자였다. 본회퍼는 기독교가 세상에서 해야 하는 역할에 관한 책인 《나를 따르라: Nachfolge》(1937)라는 집필로 유명하다.

1906년 2월 4일 독일 브레슬라우에서 정신과 의사인 카를 본회퍼와 파울라 본회퍼 사이에서 여섯 번째 아들로 태어났다. 쌍둥이 여동생인 자비네 본회퍼 라이프 홀츠가 있었다. 아버지는 지그문트 프로이트에 대한 비판으로 유명한 정신과 의사이자 신경학자인 카를 본회퍼(Karl Bonhoeffer)였고, 어머니 파울라 본회퍼(Paula Bonhoeffer)는 교사였으며 개신교 신학자 카를 폰 하세와 화가 스타니슬라우스 폰 칼크로이트의 손녀였다.

그의 집안은 1513년 네덜란드에서 독일로 이주해 온 중산층의 부잣집이었는데, 뛰어난 학문적 실력과 지위를 갖고 있었다. 그의 집안은 루터교회에서 신앙생활 해 온 전통적인 개신교 가문이었다. 할아버지는 프로이센 왕실에서 궁정목사였고, 어머니 파울라도 자녀들에게 성서 이야기, 시, 노래를 가르칠 정도로 믿음과 교양이 모두 훌륭하였다. 하지만 정작 그의 아버지는 신앙에 무관심했다. 본회퍼가 신학자가 되려고 하자 형제들과 부모는 "종교는 부르주아에게 어울린다. 다른 학문을 하도록 하라."면서 반대했는데, 본회퍼는 "그렇다면 제가 부르주아를 바꾸어 놓겠습니다."라면서 뜻을 굽히지 않았다. 그러자 형제들과 부모는 본회퍼의 뜻을 존중했고, 본회퍼도 자신의 신념을 고집했다. 본회퍼는 가정환경과 부모의 가치관으로 인해 어린 시절부터 높은 수준의 교육을 받을 수 있었다. 본회퍼의 부모는 본회퍼에게 호기심을 북돋아 주었는데, 이것은 그의 주변, 특히 교회 환경에서 다른 사람들을 이끄는 능력을 키워 주었다.

어려서부터 신학자가 되고 싶었던 본회퍼는 1923년 튀빙겐 대학교와 베를린 대학교에서 신학을 공부했는데, 베를린 대학교 졸업 시 〈성도의 교제(communio sanctorum)〉를 졸업논문으로 제출했다. 〈성도의 교제〉는 20세기 신학의 교부라 불리는 칼 바르트가 칭찬할 정도로 훌륭한 논문이었다. 디트리히 본회퍼가 나치에 저항하다가 처형당한 순교자이기 이전에 뛰어난 신학자였다는 사실은 신학을 공부할 때에 시대를 올바르게 해석하고 비판할 수 있음을 말해주는 증거, 곧 신학수업의 중요성을 말해주는 역사적 사례로 받아들여진다.

1932년 교회의 입교식에서 새로운 세상을 경험하고 싶었던 본회퍼는 로마에서도 공부하면서 로마가톨릭교회의 전례와 교의를 비판적으로 경험하였다. 베를린 대학교에서 박사 과정을 공부한 그는 독일인 루터교회에서 부목사로 1년간 목회하였다. 논문 〈행동과 존재(독일어: Akt und Sein)〉을 발표하여 교수 자격을 취득한 본회퍼는 베를린 대학교의 신학부 강사로 임명되었으며, 25세부터 목사 안수를 받을 수 있는 교회법에 따라 1년 뒤에 루터교회의 목사 안수를 받았다. 진보 신학의 명문으로 불리는 유니언 신학교에서 공부하던 유학 시절에 그는 백인들에게 인종차별을 받는 흑인들의 삶 속에서 민중들과 어울린 예수 그리스도를 발견한다. 본회퍼는 나중에 예수의 산상수훈에 신학적 뿌리를 두는 기독교 평화주의자가 되었다.

디트리히 본회퍼 신학은 고난을 함께 나누는 삶의 실천이다. 디트리히 본회퍼에 대한 나치의 박해가 시작되었을 때, 그는 미국으로 망명할 수도 있었다. 개신교 신학자이자 유니온 신학교 교수로 일하던 라인홀트 니버가 신학 교수 자리를 마련한 뒤, 초대장을 보냈기 때문이다. 하지만, 본회퍼는 독일 국민들과 고난을 함께하지 않는다면, 전쟁이 끝났을 때 독일 교회를 재건하는 일에 동참할 수 없다면서 이를 거부했다.

본회퍼는 덴마크의 기독교 사상가 키르케고르의 영향으로,《나를 따르라》(1937년 출간)에서 독일 교회가 값싼 은혜를 나누고 있다고 비평했다. 그가 말하는 값싼 은혜는 "죄에 대한 고백이 없는 성만찬, 죄에 대한 회개 없이 용서받을 수 있다는 설교, 회개가 없는 면죄의 확인"이다. 성례전을 통해서 주어지는 하나님의 은혜를 너무 값싸게 만들고 있다고 비판한 것이다. 디트리히 본회퍼가 말하는 값싼 은혜는 그리스도를 따름이 없는 은혜, 그리스도를 따름에 따른 고난이 없는 은혜, 성육신의 실천이 없는 은혜이기도 하다. 즉, 그리스도의 제자로서의 삶이 없는 신앙은 싸구려 신앙에 불과하다는 것이다.

값싼 은혜는 교회의 치명적인 적이다. 값싼 은혜는 하나님의 생생한 말씀을 부정하고, 하나님의 말씀이 사람이 되셨다는 것을 부정한다. 값싼 은혜는 죄인을 의롭다고 하는 것이 아니라 죄를 의롭다고 하는 것이다. 은혜가 홀로 모든 것을 알아서 처리해 줄 테니 모든 것이 케케묵은 상태로 있어도 된다는 것이다. 값싼 은혜는 우리가 스스로 취한 은혜에 불과하다. 싸구려 은혜는 그리스도를 본받음이 없는 은혜, 십자가 없는 은혜, 살아계신 예수 그리스도 곧 사람이 되신 예수 그리스도를 무시하는 은혜에 불과하다고 본회퍼는 강하게 비판하고 있다.

본회퍼는 자신이 경험했던 반나치 운동을 통해서 이상적인 교회상을 끄집어내려고 노력하였다. 그는 삐뚤어진 세상 즉, 독재가 가능한 그 당시의 현실에 저항하는 교회상을 그려 내면서, 신학적 교리를 배우고 논쟁하는 교회가 아닌, 세상의 불의와 싸우는 정의에 불타는 교회를 원했다.

당시 독일 교회에서는 본회퍼처럼 그리스도인의 양심을 지키기 위해서 나치에 반대하는 신학자들도 고백교회를 통하여 나치에 대항하려 했으나 나치의 탄압으로 고백교회 참여자들은 박해를 받게 되었고 본회퍼의 경우 1943년 4월 체포되어 2년간 수용소를 전전했다. 이때 그가 친구와 가족들에게 보낸 편지인 《옥중서신》을 출판하게 되었다.

제2차 세계대전이 끝날 무렵, 본회퍼는 히틀러를 암살하려고 하였다는 증거가 확보되면서, 1945년 4월 9일 새벽, 플로센뷔르크 수용소에서 교수형으로 처형되었다. 유언은 "죽음은 끝이 아니라, 영원한 삶의 시작이다."였으며, 그의 묘비에 "디트리히 본회퍼 – 그의 형제들 가운데 서 있는 예수 그리스도의 증인"이라는 문장이 적혀 있다.

g. 영국 : 영국 신앙 운동의 선구자, 요한 웨슬레(John Wesley, 1703~1791)

요한 웨슬레

요한 웨슬레는 개신교 운동에 감리교뿐만 아니라 전 세계의 모든 교회에 지대한 공헌을 하였는데 그의 공적을 말이나 글로 표현하기 힘들 정도다. 그의 참회 경험을 통한 성령의 사역은 신앙적으로 침체되어 있는 영국은 물론 전 세계에 새로운 부흥의 불길을 붙여 놓았다고 해도 과언이 아니다.

요한 웨슬레는 영국의 동북쪽 링컨주의 엡워스(Epworth)라는 조그마한 마을에서 태어났다. 영국 국교회 목사였던 사무엘 웨슬레와 모친 수산나 아네슬리 사이의 열아홉 명의 자녀 가운데 열다섯 번째로 태어났다. 그의 부모는 청교도 목사의 자녀들이었으며 교회를 영국 교회보다 더 넓은 개념으로 이해하고 있었다. 조부와 부친이 목사였던 사무엘 웨슬레는 옥스퍼드 대학 시절에 영국 교회로 들어가 영국 교회의 목사로 안수 받은 후 링컨 주의 습지에 위치한 엡워스 교구를 맡아 거의 40년간을 봉직하였다. 사무엘 웨슬레는 성례를 귀하게 여기던 목사였다. 비록 위대한 학자나 시인은 아니었지만 사무엘은 욥기에 관한 주석을 출판하기도 하였다. 그의 저술의 대부분은 엡워스 목사관의 화재로 인하여 소실되었고 그가 지은 찬송 중의 하나가 연합감리교 찬송가인 The United Methodist Hymnal에 수록되어 있다.

웨슬레가 태어났을 당시 영국에서는 국교인 성공회(Episcopal Church)와 이들의 지배를 받지 않으려는 다른 교회들과의 마찰이 심해지기 시작했다. 영국은 당시 국교로 정해진 성공회(Episcopal)와 청교도(Puritan) 사이에 심한 갈등이 있어 종교적인 상황도 복잡하고 혼란스러웠다. 영국 국민들의 대부분은 형식적으로나마 국가에서 공인된 영국 교회에 속해 있을 수밖에 없었고 자유로이 신앙생활을 하는데 제한을 받았다. 그리하여 많은 청교도인들은 성공회의 압력을 벗어나기 위해서 미국 등 다른 나라로 피신해 갔다. 그리고 소수이긴 해도 영국 교회가 아닌 장로교, 회중교, 침례교, 퀘이커교에 속한 사람들도 성공회의 교회 정책을 비판하기에 이르렀다.

국교인 성공회가 개인의 신앙을 간섭하는 것을 싫어했다. 영국 성공회는 정치적인 세계와 아주 긴밀한 연관을 맺고 있었다. 영국 교회는 기존체제를 그대로 유지하는 것이 목적이었으므로 사람들이 현재 처한 위치를 바꾸도록 돕기보다는 이러한 현 상황을 하나님의 섭리로 받아들이는 쪽으로 인도하였다. 그렇기에 영국 교회는 이러한 관점에서 영적이나 신앙적인 면보다 도덕적인 지침을 주는 데 그쳤을 뿐이다. 가난한 국민들의 처지 개선을 위한 일에 영국 교회는 공헌을 별로 하지 못하고 있던 상황이었다.

또 한편 영국 성공회에 불만을 품은 교회들은 그들 나름대로 그룹을 형성하여 예배를 드리기 시작했는데 그중의 하나가 Methodist였다. 그들의 목표는 성공회에서 분리되는 것이 아니라 좀 더 다른 방법

혹은 규칙(method)으로 성도들을 교육하자는 것이다. 성공회의 일반적인 교회법과 교리에 맞춰 억지로 교인들을 다루는 것에 반대하여 성공회의 권위보다 성령의 인도함을 받아 교인들을 양육하자는 것이다. 이 운동의 선구자가 요한 웨슬레와 동생 찰스 웨슬레(Charles Wesley)였다.

요한 웨슬레는 체격이 외소한 편이었고 키가 작은데다가 다갈색 머리를 가지고 있었다고 전한다. 그는 아주 정열적인 성격을 가진 사람으로 많은 사람들을 매혹시켰다. 특별히 웨슬레가 태어나고 자라난 엡워스 마을은 난폭한 주민들이 있어 사무엘 목사의 농작물에 불을 놓기도 하고 젖소를 찔러 죽이기도 하였다.

1709년 2월 9일 한밤중에 원인 모를 화재가 목사관에 발생하였다. 그때 요한 웨슬레는 이층 다락에서 자고 있었다. 그는 화재 속에서 깨어나 조금도 당황하지 아니하고 창문 곁에 다가서서 "사람 살리세요."라고 외쳤으며 이를 본 불을 끄던 교회 청년들이 무등을 서서 그를 구출해내는 순간에 그 집이 쓰러졌다고 한다. 웨슬레는 구사일생으로 구원받은 자기 생명을 "불에서 꺼낸 그슬린 나무 조각"(스가랴 3:2)이라 비유하여 자기 사진 밑에 이 성경 구절을 쓰고 항상 "하나님이 왜 나를 죽음에서 구해주셨을까?" 그 이유를 생각하며 평생 하나님의 일에 헌신하였다고 한다. 이 화재로 인하여 집이 완전히 타 버렸는데도 감사하게도 가족 중 아무도 다친 사람이 없었다고 한다. 불타는 목사관에서 마지막으로 구출된 요한 웨슬레는 그 당시 나이가 여섯 살이었다.

그의 어머니인 수산나 아네슬리 웨슬레는 성격이 강직하고 자녀 교육에 신경을 많이 썼던 여인으로 알려졌으며 그녀의 자녀 양육은 직접 가정에서 조기 교육을 시킨 것으로 유명했다. 그녀의 독서는 광범위하였고 특히 종교와 신학에 관한 서적들을 섭렵하였으며 남편 목사의 출타 중에는 목사관에서 기도회를 직접 인도하기도 하였다.

수산나와 사무엘은 종교와 정치 문제에 있어서 서로 의견 대립이 있을 때가 많았는데 때론 이 일로 인해서 목사관에 심각한 긴장감이 감돌기도 하였다고 한다. 물론 경제적인 궁핍과 연이은 출산과 아울러 계속된 어린 자녀들의 죽음이 또 다른 스트레스의 원인이 되었다고 볼 수 있다.

요한 웨슬레의 가족은 전부 열아홉 명으로 단지 열 명만이 생존하였다. 자녀 중 가장 맏이인 사무엘 2세는 아버지의 뒤를 이어 영국 교회의 목사가 되었다. 일곱 명의 딸, 곧 에밀리아, 수산나, 메리, 메헤타벨, 앤, 마타와 케지의 삶은 아주 어려웠다.

요한 웨슬레는 일곱 명의 누이와 동생들이 있었으나 그들이 자신의 감리교 운동에 보다 적극적이지 못하다고 실망을 표현하곤 했는데 가난과 가정의 문제로 어려움을 겪고 있던 그들은 웨슬레의 감리교 운동에 적극적인 참여를 할 여유가 없었기 때문이었다고 요한 웨슬레는 말했다고 한다.

찰스 웨슬레는 요한 웨슬레의 동생으로 그의 목회사역에 있어서 가장 가까운 친구이자 동역자였다. 찰스 또한 아버지와 두 형과 같은 길, 즉 영국 교회의 목회자가 되었다. 그는 복음적인 신앙을 위해 자신을 헌신하였으며 상당한 시적 재능을 발휘하여 감리교 역사에 빛나는 위대한 찬송가 작사자가 되었다. 그는 6,000곡 이상의 찬송시를 기록하였고 그의 찬송시는 다른 교단에서 발행하는 찬송가집에도 많이 수록될 정도로 잘 알려져 있다. 그 중에 가장 잘 알려진 찬송으로 〈천사 찬송하기를〉(새찬송, 통일 126장), 〈만 입이 내게 있으면〉(새찬송, 통일 23장), 〈하나님의 크신 사랑〉(새찬송 15장, 통일55장)이 수록되어 있다.

요한 웨슬레는 처음에는 성공회에서 성경과 영국 교회에서 사용하는 기도서에서 한 사랑에 대한 것을 배웠다. 부모님의 영향을 받으면서 그는 학문과 교회의 가르침, 기독교인으로서 필요한 훈련, 또한 선교에 대한 관심을 가지게 되었다. 그는 일생동안 이 모두를 귀중히 여겼다.

요한 웨슬레는 그 당시에 상류층의 자녀들이 다니는 챠터 하우스에 입학하였고 그곳에서 대학 진학 준비를 하였다. 그는 1720년 옥스퍼드 대학의 크라이스트처치 칼리지에 입학을 하였고 1724년 졸업을 할 때에는 고전과 현대문학, 신학, 역사, 과학을 폭넓게 공부하였으며 신약성경을 원어로 능숙하게 읽을 정도였다. 요한 웨슬레는 옥스퍼드 대학에 입학하여 졸업할 때까지 우수한 성적을 올린 우등생이었다. 옥스퍼드를 졸업할 무렵에는 부모님의 권유로 종교적인 문제에 더 많은 관심을 보이게 되었다.

이러한 배경으로 볼 때 그가 아버지와 형의 뒤를 이어 영국 교회의 목사가 된 것은 오히려 당연한 일이었다. 그는 졸업 후에도 링컨 칼리지의 연구원으로 뽑히는 영예로 인해 옥스퍼드에 머물러 있을 수 있었다. 연구원이 되면 특별 요청이 없는 한 캠퍼스에서 살아야 한다거나 대학에서만 의무를 다할 필요가 없었다. 이런 기회로 인해 요한 웨슬레는 자유롭게 옥스퍼드를 떠나 상당한 기간 동안 아버지의 교회 일을 도와줄 수가 있었다. 웨슬레는 1727년부터 1729년까지 이 교회를 담임하기도 하였다. 요한 웨슬레는 1728년 옥스퍼드 대학에서 목사 안수를 받고 교구목회를 담당하게 되었지만 만족하지 않았다.

그 후 웨슬레는 옥스퍼드 대학의 링컨 칼리지로부터 강의를 맡아 달라는 제의를 받고 옥스퍼드에 돌아온 그는 옥스퍼드 학자로서의 동료 간에 사이도 좋았고 운동을 잘하여 인기도 있었으나 그의 마음 저변에서는 심한 갈등이 있었다. 그 당시 그의 동생인 찰스 웨슬레는 크라이스트처치 칼리지의 학생이 되어서 영적 성장을 목표로 옥스퍼드 대학의 다른 학생들과 소그룹으로 규칙적인 만남을 갖고 있었다. 요한 웨슬레는 그들의 초청으로 이 그룹의 일원이 되었고 곧 그들의 비공식적인 지도자가 되었다. 웨슬레 두 형제는 옥스퍼드 학생들을 중심으로 신성클럽(Holy Club)을 조직하여 기도와 성서 연구와 봉사 생활을 하였다. 그들은 당시 대학가에 만연하고 있었던 도덕적, 종교적인 방종을 거부하고 대신 정규적인 신앙클럽의 모임으로 신앙생활을 지속하려고 노력하였다.

특별히 요한 웨슬레는 마음속에 끊임없이 일어나는 심적 갈등을 해소하기 위하여 꾸준히 기도생활을 계속하였다. 그는 새벽에 일어나 성경을 읽으며 기도생활을 했고 매주 수요일과 금요일에는 금식을 했다. 또 그는 매주 성만찬에 참석했고 가난한 사람들을 구제하는 일에 열심을 다했다. 특히 가난한 어린아이들을 모아 가르치기도 했다. 그는 또한 매주 두 번씩 감옥에 있는 죄수들을 방문하였다. 그러나 이러한 경건생활에도 불구하고 그는 그 자신이 십자가를 자신 있게 질 수 없었던 사실에 대하여 늘 고민하였다고 한다.

다른 학생들은 이 작은 그룹에 속한 사람들을 '성례주의자' '성경벌레' '신성구락부' 혹은 '규칙주의자'라고 비아냥거렸다고 한다. 결국에 '규칙주의자(Method—ist)'라는 단어에서 나온 "감리교인"이란 말이 이 후에 웨슬레를 따르던 사람들에게 붙여진 이름이 되었다.

1735년 아버지의 별세 후 요한과 찰스 웨슬레는 당시 영국 교회의 선교기관이었던 복음전도협회(Society for the Propagation of the Gospel)의 선교사로 자원을 하게 되었다. 요한 웨슬레는 이러한 선교사역이 초대 기독교인들이 행했던 것처럼 자기 자신을 부인하고 하나님에게 완전히 복종하는 길이라고 믿었다.

1735년 가을, 웨슬레 형제는 선교사 자격으로 영국의 새 식민지였던 미국 조지아주에 있는 원주민들을 향해 떠나가게 되었다. 새 식민지를 향해 항해하던 도중 선상에서 심한 폭풍을 만났는데 함께 탑승한 26명의 모리비안 교도들이 기쁘게 찬송하는 것을 보고 젊은 요한 웨슬레는 "어떻게 저들은 내가 갖지 못한 내적 평화와 위로를 지녔을까?"하며 의아해 했다고 한다. 두 달동안의 험난하고 고생스러운 항해 끝에 그들은 1736년 미국에 도착하였다. 그때 요한 웨슬레는 적어도 3가지 목표를 마음속에 가지고 있었다.

첫째, 조지아에서 영어를 사용하는 식민지 개척자들을 위해 봉사하며 둘째로 미 원주민인 인디언들을 기독교로 개종시키고 셋째로 하나님이 자기를 사랑한다는 확신을 얻는 것이었다. 식민지인 조지아주에서의 요한 웨슬레의 경험은 환멸뿐이었다. 그것은 요한 웨슬레가 생각했던 것만큼 원주민들이 쉽게 복음을 받아들이지 않았기 때문이다. 웨슬레는 성실하게 정열적으로 일을 했지만 많은 사람들이 그의 선교사역에 냉담하거나 반항적이었다. 인디언들과의 접촉도 빈번하지 못했고 효과도 별로 없었다. 더군다나 요한 웨슬레가 섬긴 교구의 교인이었던 소피 합키라는 여인과의 불행한 사랑은 결국 대배심원의 기소를 받게 되어 식민지를 떠나야만 하는 상황으로 내몰리게 되었다. 결국 그는 선교사 생활을 시작한 지 2년이 채 못 된 1737년 조지아를 떠나 다시 영국으로 돌아오게 되었다. 동생 찰스는 그때 이미 영국으로 돌아가 있었다.

요한 웨슬레는 미국에서의 경험이 모두 부정적이라고 보지는 않았다. 그는 조지아로 가던 때와 그리고 영국으로 돌아오던 때에도 배 안에서 독일의 경건주의자들인 모라비안들을 알게 되었기 때문이다. 모라비안들은 영적으로 훈련된 내적인 긴밀한 교제 안에서 이루어지는 단순한 개인적인 신앙에 대하여 가르침을 받았다. 그는 그들이 보여주는 신앙과 위로에 깊은 감명을 받았고 하나님의 임재에 관한 그들의 확실한 신뢰와 체험을 부러워하기도 하였다.

웨슬레는 영국으로 돌아온 다음 몇 개월 동안 영적으로 깊은 침체 상태에 빠져들었다. 그는 하나님을 온전히 신뢰하는 믿음을 찾고 싶었다. 그는 옥스퍼드로 돌아갈 생각도 해 보았지만 그것이 올바른 길인지 확신이 서지 않았다. 그는 더 이상 설교를 하지 않으려고 생각하였으나 모라비안 친구였던 독일의 경건주의자인 피터 뷜레(Peter Boehler)는 웨슬레에게 설득하기를 자신이 찾고 있는 믿음을 얻을 때까지 이를 위하여서라도 계속 설교를 해야 한다고 하였다. 경건주의자들의 신학은 내적 구원의 확신에서 오는 영혼을 뒤흔들만한 신앙의 체험으로 기독교 생활을 시작해야 한다는 것이었다.

요한 웨슬레는 1738년 어느 날 저녁, 내적 고민을 거듭하던 끝에 드디어 그가 바라던 구원의 확신을 체험하게 되었다. 런던의 올더스케이트 거리에 위치한 어느 작은 기도 모임의 참석은 요한 웨슬레의 장래와 그의 사역 방향을 바꾸어 놓게 되었다. 그날의 체험에 대하여 요한 웨슬레는 그의 일기장에 이렇게 기록하였다.

"저녁에 마음이 별로 내키지 않았으나 나는 올더스케이트 가에서 모이는 한 교회의 집회에 참석했다. 그때에 어떤 사람이 로마서에 대한 루터의 서문을 읽고 있었다. 8시 45분쯤 되었을 때 그리스도를 믿는 신앙을 통해 하나님께서 우리 마음에 역사하심으로써 일어나는 변화에 대하여 설명할 때에 내 마음이 이상하게 뜨거워지는 것을 느꼈다. 내가 그리스도를 믿고 있었고 그때에 나는 예수 그리스도를 통해서만이 구원을 얻을 수 있다는 확신을 얻게 되었다. 그리고 그리스도께서 내 죄를 사하여 주시고 나 같은 죄인의 죄마저도 또한 죄와 사망의 법에서 구원해 주셨다는 확신을 가지게 되었다."(일지, 1738년 5월 24일)

요한보다 동생 찰스는 3일 전에 이와 비슷한 경험을 하였다고 한다. 올더스케이트에서의 회심 체험은 요한 웨슬레에게 있어서 복음에 대한 이해와 실천에 큰 변화를 준 중요한 계기가 되었다. 종교적인 모든 의문과 갈등을 이성으로만 해결하려고 했던 요한 웨슬레에게는 올더스케이트 체험을 통하여 소망과 확신이 불같이 일어나게 되었고 자신의 생애에 대한 해답을 찾게 되었다. 그러나 이 회심의 체험이 시험이라든가 의심, 절망과 같은 기독교인들이 극복해야 하는 문제들로부터 그를 완전히 해방시킨 것은 아니었다. 이후에도 그는 기독교인으로서의 진정한 삶의 모습으로 믿고 있던 평안, 기쁨, 사랑을 경험하지 못한다고 가끔 고백하곤 했다. 그러나 올더스케이트의 체험을 통하여 그가 분명히 확신하게 된 것은 자신이 추구하는 성결은 인간의 노력으로 시작되어지는 것이 아니라 예수 그리스도 안에서 하나님의 용서하시고 힘 주시는 은혜를 신뢰함으로써 이루어진다는 믿음이었다.

웨슬레는 회심을 체험한 이후 독일 헤른후트에 소재하고 있었던 모라비안 교도들의 본부를 방문하기로 결심하였다. 그 곳에 며칠을 머물면서 그는 그들의 공동체적 삶의 모습을 관찰하고 그들의 지도자인 진 젤도르프 백작과도 신앙 이야기를 나누었다. 그는 모라비안 교도들이 보여준 친밀함과 서로를 돌보는 마음에 크게 감명을 받았다. 그러나 헤 른후트를 방문한 지 몇 달이 지난 후에 모라비안 교도들은 하나님의 구 원의 은총의 역사를 기다리는데 너무나 소극적이라고 웨슬레는 지적하 였다. 그들이 회심 경험을 앞당기기 위해서 기도, 성경 공부, 성만찬과 같은 하나님이 주신 은혜의 수단(The means of grace)을 보다 적극적으 로 적용하지 않음은 잘못이라고 그는 생각하게 되었다.

1738년 가을 영국으로 돌아온 후 요한 웨슬레는 종교적인 활동에 몰 두하였다. 그는 독서와 연구, 기도, 감옥 방문, 성만찬 집례, 그리스도 안에서 값없이 베푸시는 하나님의 사랑에 대한 복음의 메시지를 설교 하는데 자신의 시간을 쏟으며 전력을 다하였다. 그는 교구목사로서 어 느 한 교구를 맡아 안정된 목회를 하는 대신에 교회마다 다니면서 순회 설교를 하게 되었는데 그때마다 하나님께서 자신이 전하는 복음의 메 시지를 통하여 사람들을 변화시키는 것을 보게 되었다. 순회 전도자로 서의 그의 사역이 시작된 것이었다.

웨슬레의 처음 설교는 옥스퍼드 대학생들 앞에서였다. "확실한 믿음 으로 완전한 구원을 받는다." 이것이 설교 내용의 전부였다. 그런데도 학생들은 가슴을 움켜잡고 데굴데굴 구르며 회개하는 역사가 일어났 다. 뉴게이트의 감옥에서도 "거저 주시는 구원"이라는 제목으로 수많은 죄수 앞에서 설교하였다. 웨슬레가 크게 믿음의 구원을 외치자 여기서도 수많은 사람들이 데굴데굴 굴렀다. 그의 말은 칼날처럼 사람들의 가슴에 박혀들고 많은 나무를 태우는 뜨거운 불길과 같았다고 한다. 요한 웨슬레는 희망을 잃었던 그들에게 말씀으로 희망을 되찾게 해 주었고 의심에 가득 찬 그들에게 확신을 갖게 하고 종교가 한낱 차갑고 생명력 없던 일과에 불과했던 그들에게 경건심과 뜨거움을 체험하도록 도와주었기에 일반 대중들은 웨슬레의 복음 전파를 매우 기쁘게 받아들였다.

웨슬레의 설교가 점점 회중들을 사로잡고 사람들로부터 긍정적인 반응을 얻게 되자 핍박과 비방도 거세지게 되었다. 기존 교회로부터 요한 웨슬레를 적극적으로 반대하는 사람들도 생겨나게 된 것이었다. 요한 웨슬레의 일기장에 보면 그는 설교 도중에 계속 돌을 맞아 "세 번이나 쓰러졌다."고 기록하고 있고 60차례에 걸쳐 폭력을 당했다고 한다.

요한 웨슬레는 그의 신앙 부흥 운동에 새로운 전기를 맞게 되었다. 그의 친구인 조지 휫필드의 권유로 교회 건물 밖, 즉 브리스톨 야외에서 처음으로 옥외 설교를 하게 된 것이었다. 1739년 복잡한 브리스톨(Bristol) 도시 외곽에 위치한 킹스우드(Kingswood)라는 곳에서 광부들이 하루의 일과를 마치고 지친 몸을 안고 집으로 돌아가는 어느 늦은 오후였다. 혹독한 노동으로 하루의 일과를 마친 광부들의 모습은 무척이나 지쳐 있었다.

요한 웨슬레는 처음으로 예수께서 갈릴리 지역에서 공생애를 시작하면서 사용하셨던 똑같은 성경 본문(눅4:18—19)을 가지고 광부들에게 설교를 하였다. 성령이 충만한 상태에서 설교한 경험을 그는 일지(1739년 4월 2일)에 다음과 같이 기록하고 있다.

"오후 4시에 나는 상식에서 조금 더 벗어난 일을 하기로 하였다. 나는 도시에 접하고 있는 약간 높은 언덕에 서서 약 삼천 명의 청중에게 구원의 기쁜 소식을 선포하였다. 내가 선포한 성경 말씀은 다음과 같다. "주의 성령이 내게 임하셨으니 이는 가난한 자에게 복음을 전하게 하시려고 내게 기름을 부으시고 나를 보내사 포로된 자에게 자유를, 눈먼 자에게 다시 보게 함을 전파하며 눌린 자를 자유케 하고 주의 은혜의 해를 전파하게 하려 하심이라.""

그의 설교는 설교가 아니라 그대로 불덩어리였다. 막혔던 화산이 터져 오르듯이 그의 입에선 불덩어리가 뿜어 나왔다. 처음 모인 사람들이 200명 정도밖에 안 되었는데 5번째 설교할 때는 그곳에 1만 명이 훨씬 넘었고 다음엔 1만 8천 명이 몰려왔으며 가는 곳마다 사람들의 홍수를 이루었다고 한다.

설교에 자신을 얻은 요한 웨슬레는 사람들이 모일 수 있는 곳이면 어디든지 가서 그리스도 안에서 용서하시는 하나님의 은혜에 대한 복음적인 메시지를 선포하기 시작하였다. 그는 말이나 마차를 타고 다니면서 교회, 가정, 장터, 탄광 입구 등 어디든지 사람들이 모이는 장소에서 복음을 메시지를 들고 나갔다. 이렇게 하여 그는 250,000마일 이상 순회 전도를 하였다. 그는 영국에 있는 도시, 마을, 농촌들을 순회했을 뿐 아니라 북쪽의 웨일즈, 스코틀랜드, 아일랜드까지 규칙적으로 순회 전도를 다녔다. 그는 86세의 나이에도 자신을 핍박했던 아일랜드 콘웰에서 2만 5천 명이 넘는 사람들 앞에서 설교를 하기도 하였다. 그는 말년일지라도 자신에게 남은 한순간 한순간을 쓸모없이 살아가지 않고자 촌음을 아껴서 복음 전파에 힘을 기울였다. 그가 쇠약하여 죽기 5일 전까지도 그는 32km 떨어진 곳에 가서 복음을 전할 정도였다.

요한 웨슬레는 지구 10바퀴 이상 되는 거리를 다니며 전도에 힘을 쏟았다. 그 와중에도 2백 권이 훨씬 넘는 책을 펴내었다. 오십이 넘은 나이였지만 하루 평균 32km를 다니며 복음을 전한 것이었다. 60년 동안 새벽 4시면 어김없이 일어나 기도하고 설교하였다. 한 번도 걸러 본 적이 없었다고 했다. 1778년에는 동생과 만든 수많은 찬송가 중 좋은 것만 뽑아 525곡의 커다란 찬송가를 만들기도 하였다. 그는 85세의 고령에도 불구하고 8주간 동안 무려 80번의 설교를 한 정력가이며 복음 전도의 대명사이기도 했다. 그는 평생 4만 번의 설교를 했다고 한다.

요한 웨슬레는 기도할 때마다 늘 "하나님! 나에게 이 성경책을 주소서. 내가 어떤 희생을 치르고라도 이 책의 메시지를 받게 하소서. 그리하여 이 책이 참으로 나의 책이 되게 하소서. 그리고 나로 이 책의 사람이 되게 하소서."라고 고백을 했다. 웨슬레의 생애가 끝날 무렵에 그의 목회 생활을 통하여 하나님의 사랑에는 한계가 없다는 사실을 입증한 존경받는 인물이 되었다. 사람들은 후에 그를 가리켜 '성경이 만든 사람'이라고 하였다.

요한 웨슬레의 장점 중의 하나는 조직력이 강한 사람이었다는 것이다. 그는 회심한 사람들을 조직화하여 양육시키는 것이 필요하다고 보았다. 그들은 사회 각계각층에 속해 있으면서 경제적으로 다양한 부류에 있었다. 부유한 사람들은 소수에 불과하였다. 대부분은 노동자이거나 가난한 계층의 사람들이었다. 많은 사람들이 감리교 설교와 기도를 통하여 하나님의 은혜를 경험하였으며 이 경험 이후에 술주정, 가정 폭력, 매춘, 범죄, 절망 가운데서 벗어나 사랑과 희망, 기쁨의 새 삶을 누리게 되었다는 신앙 간증을 하게 되었다. 요한 웨슬레는 이처럼 변화된 사람들이 은혜 안에서 성숙하고 성결에 이루도록 격려하는 방법을 모색하였다. 이것이 후에 감리교인들의 조직이 되었다.

요한 웨슬레는 그에게서 은혜를 받은 두 사람의 기증으로 1739년 대포 공장을 개조하여 훌륭한 예배당을 만들었다. 사람을 죽이는 대포를 만드는 공장을 사람을 살리는 대포를 만드는 공장으로 만들어 이곳을 중심으로 감리교단이 성장하였다. 교회를 통하여 모이는 사람이 점점 늘자 웨슬레는 그 많은 사람을 다 돌볼 수 없어 구역마다 '속회(Class Meeting)'라는 것을 조직하여 일을 나누어 맡겼다. 속회는 약 12명의 사람들로 이루어졌으며 그들은 일주일에 한 번 속회의 인도자인 속장과 만나 영적인 대화를 나누고 인도함을 받았다. 회원들은 자신이 경험한 시험이나 유혹을 이야기하고 잘못을 고백하며 관심사를 나누고 자신들의 삶 속에서 역사하시는 하나님에 대하여 증거하고 보다 신실한 삶을 위하여 서로 격려하며 기도하였다.

모든 감리교인들은 속회에 참석하도록 되어 있었고 이 속회에서 다른 집회에 참여할 수 있는 자격증을 발급하거나 갱신해 주었다. 요한 웨슬레는 그 외에 영적으로 보다 더 성숙한 신도들을 위하여 더 작은 모임은 '조(Band)'를 조직하였으나 이 조직은 속회처럼 오래 지속되지 못하였다. 감리교 운동 초기에 웨슬레는 속회, 조 모임에 참석하는 사람들의 이름을 모두 기억하고 있었다고 한다. 그는 속회와 조 모임보다 큰 모임을 설립했는데 이 조직을 '공회'라고 일컬었다. 최초의 공회는 런던과 브리스톨에서 조직되었다.

그 후 감리교는 속회와 족장들의 헌신과 지도에 힘입어 크게 성장하였는데 그들의 대부분은 여성들이었다. 이 여성 지도자들의 모범적인 삶을 보여줌으로써 수많은 사람들이 하나님의 은혜를 받아들이고 새 생활을 시작하게 되었다.

그 당시만 하더라도 여성이 앞에 서서 예배를 인도하는 것에 대하여 별로 반가워하지 않았다. 웨슬레는 여성이 설교할 수 있는지에 관해서 의문이 없는 것은 아니었지만 1787년에 남성 설교자들의 반대에도 불구하고 모든 감리교 설교자들이 따라야 했던 교리적 선포와 규율을 준수하는 한 남녀를 불문하고 설교할 수 있는 권한을 공식적으로 그리고 획기적으로 허락하여 물의를 일으키기도 했다. 그러나 1791년 그가 죽은 다음에는 여성 설교자를 반대하는 기운이 다시 감돌았다. 1803년 맨체스터에서 연회가 열렸는데 이 회의에서 여성 설교자에 대한 반대가 다음과 같은 이유로 결정되었다. 1. 감리교인들의 거의 대다수가 반대한다. 2. 모든 설교 장소에 보낼 만큼 충분한 남성 설교자들이 있다. 그러나 만일 어떤 여성이 "하나님으로부터 특별한 소명을 받은 경우에는 일반적으로 그 여성은 반드시 여성들에게만 설교를 해야 한다." 더군다나 설교하기를 원하는 여성은 설교 전에 미리 해당 지역의 감리사로부터 공식적인 허락을 받아야만 했다.

감리교가 성장하면서 요한 웨슬레는 평신도 전도자들을 자신의 조력자로 삼았다. 그들은 여러 공회를 하나의 구역으로 묶은 순회 구역(Circuit)의 전임 순회 전도자가 되거나 아니면 자신의 거주 지역에서 여가를 이용해 자원 봉사하는 사람들이 되었다. 1744년부터 웨슬레는 설교자들과 매년 정기적으로 만나기 시작하였는데 이것이 '연회'의 기원이 되었다. 연회에서는 신학, 감리교 선교, 설교자 파송에 관한 것이 주 의제였다.

공회의 모임 장소로 고심하던 웨슬레는 연회 모임에서 예배 처소(Chapel)를 짓기로 결정하고 1739년에 착공하기 시작하였다. 브리스톨에서 지어진 첫 번째 예배 처소는 '새 집(New Room)'이라고 불렸다. 그곳은 예배와 설교를 위한 장소일 뿐 아니라 웨슬레가 브리스톨을 방문할 때 머물 수 있는 거처 공간이기도 했다. 이 집은 현재 영국 감리교회가 관리하며 방문자들에게 관광지로 개방되어 있다.

요한 웨슬레는 위에서 언급한 바와 같이 옛 무기 제조 공장에 채플은 물론 출판 시설도 갖추었다. 그리고 이곳은 감리교인들의 사회봉사를 위한 여러 형태의 활동의 중심지가 되었다. 후에 감리교인들을 위한 채플들이 다른 도시와 마을에 설립되어 예배와 목회 사역을 넓혀 가기도 했다. 요한 웨슬레는 이것에 만족하지 않고 환자를 위한 진료소, 고아들을 위한 집, 가난한 자들을 위한 학교를 설립할 계획도 세웠다.

이렇게 요한 웨슬레에게 뛰어난 조직력이 없었다면 그의 영향은 당대에 머물렀을지도 모른다. 웨슬레는 교회를 분리할 의사가 전혀 없었고 오직 목표가 있었다면 그가 사랑하는 영국 교회를 새롭게 하려는데 그의 의도가 있었다.

요한 웨슬레와 더불어 신앙 체험과 회심을 경험한 평신도들은 신도회(Society)를 조직하여 성서 연구, 기도, 신앙 훈련, 그리고 봉사 활동을 하였다. 웨슬레 운동은 급속히 성장하여 성직자가 모자랐고 회중들에게 설교를 해 줄 수 있는 순회 설교자들이 필요하게 되었다. 순회 설교자들은 목사 안수를 받지 않은 사람들이었고 그들은 말씀을 전파함과 동시에 속회를 인도하고 심방하고 가난한 사람들을 돌보는 일을 담당한 사람들이었다.

1791년 웨슬레 형제가 사망하였을 때 영국에는 313명의 목사와 76,968명의 신도가 있었고 미국에는 198명의 목회자와 56,621명의 신자들을 확보하게 되었다.

이렇게 감리교가 발전하였음에도 불구하고 영국의 타 교파 목사와 평신도 중에는 감리교 지도자와 평신도들에게 우호적인 사람들도 많이 있었지만 특히 감리교 운동 초기에는 어려움을 준 사람들이 더 많았다. 영국 교회에서 허락하지 않는 야외 설교를 한다고 반대하는 사람들이 있었다. 또한 웨슬레의 죄악에 관한 단순한 논리와 복음주의적인 체험에 대한 말씀 선포를 싫어하는 사람들도 있었다. 그들은 이러한 체험이 위험스러울 정도로 감정에 치우친 것이라고 생각했다. 웨슬레가 평신도 전도자를 등용한 것이라든지 교구의 경계에 제한되지 않고 여기 저기 순회하며 하는 설교를 불쾌하게 여긴 사람들도 있었다. 남자들 중에는 자기 부인들이 감리교 채플에서 시간을 보내며 아픈 사람들을 심방하는 등 가정 밖에서 너무나 오래 있다고 불평하면서 웨슬레가 가정의 가치를 침범하고 있다고 비난하였다.

그뿐 아니라 요한 웨슬레는 영국 교회의 분열을 조장한다는 의심을 받기도 하였다. 그를 영국 교회를 분열시키려고 노력하는 위장된 가톨릭 교인이라고 주장하는 극단주의자들도 있었다. 감리교인들은 만화와 풍자의 공격 대상이 되기도 했다. 그러나 더욱 심각한 문제는 웨슬레와 그의 설교자들과 감리교인들에 대한 폭도들의 폭력 때문이었다. 때때로 그들은 생명을 위협하기까지 했다.

시간이 흐르면서 감리교에 대한 극렬한 핍박은 그쳤지만 예정론과 자유의지, 신앙과 이성간의 관계, 감리교인들이 강조하는 종교적인 체험, 그리고 감리교인들이 영국 교회를 떠나야 하느냐 하는 문제들을 놓고 신학적인 논쟁이 심화되었다. 그리고 또 다른 문제들이 요한 웨슬레의 삶에 암운을 드리웠는데 그중에 하나가 예정론 문제였다. 요한 웨슬레는 결국 예정론과 자유의지의 신학 논쟁에서 결국 아르미니우스의 자유의지 쪽으로 기울이게 되었다.

요한 웨슬레의 성공적인 신앙 부흥 운동에 걸림돌이 하나 생겼는데 그것은 요한 웨슬레의 결혼 생활이었다. 결혼 생활에서는 불행하게도 모범을 보이지 못했다. 1748년 웨슬레는 자신보다 13살 연하의 감리교 신자이며 과부인 그레에스 머레이와 사랑에 빠졌다. 그들은 결혼할 계획까지 세워 놓았지만 찰스 웨슬레의 방해로 인하여 그레이스는 다른 감리교 설교자와 결혼하였다. 이 문제로 절망에 빠진 요한 웨슬레는 자기 동생의 결혼 방해에 극도로 화가 났었고 이 일로 인해서 형제간의 관계는 거의 회복될 수 없을 정도로 금이 가게 되었다. 요한 웨슬레는 1751년 결혼을 다시 했지만 이 결혼은 성공적하지 못했다. 그의 부인은 메리 바제이, 혹은 몰리라고 부르는 부유한 상인의 미망인이었다. 결혼한 지 몇 년이 못 되어 그는 부인과 갈등을 겪게 되면서 외부사역에 더 신경을 쏟고 가정과 부인에게 등한시하게 되었다. 그의 부인인 몰리는 요한 웨슬레가 계속해서 집을 비우고 다른 많은 여성들과 가까이 지내는 것에 질투심을 느꼈다고 했다.

두 사람은 1757년부터 몇 차례 별거를 하였다. 결국 아내가 1781년 사망할 때에도 웨슬레는 외출 중에 있었고 장례식에도 참석하지 않았다. 웨슬레가 감리교 운동을 지도하는 데 있어서 독재를 한다는 비난도 있었다.

그럼에도 불구하고 요한 웨슬레는 감리교가 자신의 꿈과 이상에 맞아야 한다는 확고한 신념을 가지고 이끌었다. 그는 자신이 감리교 운동의 선구자임을 분명히 하였다. 그는 중요한 결정이 이루어질 때마다 거의 예외 없이 자신의 뜻을 관철시켰다. 그에 의하면 감리교 운동은 민주주의가 아니며 이런 운영 방식을 싫어하는 사람들은 누구든지 자유롭게 떠나도 좋다고 말하였다. 그러나 대다수의 감리교인들은 그의 지도력을 높이 평가하였다.

요한 웨슬레는 당시 영국 감리교회를 향해 "나는 메소디스트(Methodist) 즉 감리교회라고 불리는 교회가 유럽이나 미국에서 없어질 것을 염려하지 않는다. 단지, 그 교회가 능력이 없이 종교의 형태만 지닌 채 한낱 죽은 단체로 전락할까 봐 염려한다."고 말한 적이 있었다. 웨슬레는 말년에 이르러서는 많은 영국인들로부터 존경을 받았다. 88세의 생신을 맞은 요한 웨슬레에게 장수의 비결이 무엇이냐고 물었더니 60년 동안 새벽 4시에 일어나 새벽 기도한 결과라고 하였으며 교인으로써 새벽 기도를 하지 않는 것은 타락한 증거라고까지 하였다.

어떤 유명한 목사가 영국을 여행하던 중 웨슬레의 자택과 집무실을 둘러보게 되었다. 평소에 기도하던 기도실로 들어간 그는 마룻바닥에 쥐구멍 같은 구멍이 두 개 나 있는 것을 발견하고 그곳 안내자에게 무슨 구멍이냐고 물었다. 그 안내자는 그 목사에게 무슨 구멍인 것 같은지 도리어 질문했다. 목사는 잘 모르겠다고 하면서 혹시 쥐구멍이냐고 묻자 그 안내인이 말하기를 "천만에요. 저것은 웨슬레 목사님의 기도의 흔적입니다."라고 했다. 얼마나 기도를 열심히 했던지 웨슬레가 무릎을 꿇고 기도한 그 마룻바닥에는 무릎 자국이 구멍처럼 뚫려 있었던 것이라 전하고 있다. 요한 웨슬레는 새벽 4시부터 두 시간씩 기도하고 수요일과 금요일에는 규칙적으로 금식 기도를 했다. 그를 지켜본 사람들은 이렇게 말했다. "그는 다른 모든 사람보다 기도를 중요시했다. 그리고 그가 모든 빛을 띤 청명한 얼굴로 기도실에서 나오는 것을 종종 보았다."

요한 웨슬레는 다음과 같이 말하였다. "하나님은 반드시 기도에 응답하시는 분이십니다." 웨슬레는 하루에 두 시간을 기도하는 일에 바침으로 그의 확신을 뒷받침하였던 것이다.

요한 웨슬레에게 샐리커햄이란 여성 중보기도 사역자가 있었다. 요한 웨슬레 자신이 이 중보자를 만들었다고 고백치 않았다. 하나님께서 만들고 준비하셔서 자신에게 보내주었다고 고백했다.

아담 클라크 박사는 요한 웨슬레와 더불어 같이 배를 타고 영국으로 돌아가고 있었을 때 역풍을 만난 사건에 대해 그의 자서전에서 다음과 같이 말하고 있다. 당시에 웨슬레는 책을 읽고 있었는데 갑판에 뭔가 일이 생긴 것 같아 사람들에게 물어보니 역풍이 불고 있다는 것이었다. 그러자 그는 클라크 박사와 함께 "그러면 기도합시다."하고 말했다고 했다. 웨슬레는 이렇게 기도했다.

"전능하시고 영원하신 하나님! 당신은 어느 곳에서나 주관하시며 만물은 당신의 뜻을 섬기나이다. 하나님께서는 그 손으로 바람을 움켜쥐시고 홍수도 잔잔케 하시며 영원히 왕으로 군림하시나이다. 이 바람과 파도에 명하시어 당신께 복종케 하사 우리가 갈 항구로 빠르고 안전하게 우리를 데려가게 하소서!"

모든 사람이 웨슬레의 기도에 힘이 있음을 느꼈다. 웨슬레는 꿇었던 무릎을 펴고 일어나 아무 말 없이 다시 책을 집어 들고 읽었다. 클라크 박사가 갑판으로 올라가 보니 놀랍게도 배가 다시 제대로 항해하고 있었다. 배는 그 후 줄곧 순항하여 항구에 안전하게 도착했다. 그는 자신의 기도가 응답받으리라는 것을 온전히 믿었기 때문에 기도가 이루어진 것을 당연한 일로 여겼던 것이다.

경건한 생활을 위해 요한 웨슬레 목사는 늘 자신에게 이렇게 질문했다.

"첫째, 너는 항상 기도하는가? 둘째, 너는 모든 순간마다 하나님 앞에서 즐거워하는가? 셋째, 너는 모든 경우에 감사하는가? 넷째, 너는 욕심내는 것이 없는가? 다섯째, 너는 두려워하는 일이 없는가? 여섯째, 너는 네 중심에 연속적으로 하나님의 사랑을 느끼는가? 일곱째, 무슨 말이나 행동을 하든지 그것이 하나님을 기쁘시게 한다고 자신 있게 대답할 수 있는가?"

요한 웨슬레의 공로 중 특기할 만한 사건은 그가 죽기 6일 전인 1791년에 영국 노예매매 제도에 대항했던 하원의원 윌리엄 윌버포스에게 이런 편지를 쓴 것이었다. "하나님이 도와주시지 않으면 우리는 사람과 사단의 공격에 넘어질 수밖에 없다. 만약 하나님이 우리와 함께하신다면 과연 누가 그대와 맞서 싸울 수 있겠는가?" 이 편지가 월버포스에게 큰 용기와 힘이 되었다. 그로부터 16년 후인 1807년 영국 의회는 마침내 노예매매 제도를 폐지하기로 결정하기에 이르렀다. 1807년 '노예 매매 폐지법'과 1833년 '노예 해방 법령' 통과는 아프리카를 넘어 전 세계에 하나의 전환점을 이루는 세계사적인 사건이 되었다. 흑인 노예들에게 세례를 베풀었고 백인들과 함께 성만찬에 참여할 수 있게 했다.

요한 웨슬레는 1791년 2월 말 88회의 생일을 앞두고 중병으로 눕게 되었다. 그가 다시 소생할 가능성이 없다고 생각한 친구들과 가족들이 그의 침상 주변에 모였다. 마지막 날 밤에 그는 아이삭 와트의 찬송가 "내 생명 다할 때, 말할 수 있을 때까지, 내 창조주 찬양하리."를 불렀다. 너무나 약해진 웨슬레는 "내 찬양하리…. 내 찬양하리…."라는 말밖에는 하지 못하였다고 한다. 생명이 다하는 순간에 그는 다음과 같은 마지막 말을 남겼다. "모든 것 중에 가장 최고는 하나님이 우리와 함께하는 것입니다."

1791년 3월 2일 아침, 그는 마지막 숨을 거두었다. 그는 유산으로 남긴 것이 별로 없었다. 그의 생애 동안 벌었던 돈은 거의 전부 가난한 자들에게 나누어 주었기 때문이다. 그에게 남은 재산이라곤 겨우 두 개의 숟가락과 하나의 찻주전자, 그리고 다 낡아빠진 코트 한 벌, 자신의 관을 런던에 있는 감리교 예배당 뒤뜰에 있는 묘지로 운반해 준 여섯 명의 가난한 사람들의 수고비밖에 되지 못하였다고 한다.

요한 웨슬레는 기도와 전도 운동, 드림과 사회 정화 운동을 위해 헌신하며 예수 그리스도를 닮아가기 위해 그리스도인의 완전을 위해 경건과 거룩의 삶, 성화의 삶을 살다가 1791년 3월 2일에 53년의 전도 사업을 마치고 88세를 일기로 "가장 좋은 것은 하나님이 우리와 함께 계시는 것이다."란 말을 남기고 하나님의 부르심을 받았다.

18세기 타락한 영국 사회 속에서 종교적 체험과 성결한 생활을 통해 대규모 신앙 운동을 전개하였던 종교개혁자인 요한 웨슬레(John Wesley)는 "당신이 할 수 있는 모든 수단으로, 당신이 쓸 수 있는 모든 방법으로, 할 수 있는 모든 곳을 찾아서, 할 수 있는 모든 때를 찾아, 할 수 있는 모든 사람들에게, 당신이 할 수 있는 마지막 순간까지 모든 선을 행하라.(Do all the good you can, by all the means you can, in all the ways you can, in all the places you can, at all the times you can, to all the people you can, as long as ever you can.)"라고 유언을 남겼다. 요한 웨슬레는 마지막 순간까지 자신이 가진 모든 것을 하나님과 이웃을 위해 드림으로써 온전한 헌신적인 삶을 살다가 하나님의 부르심을 받게 된 것이다.

요한 웨슬레는 개인 구원과 사회 구원을 위해서 끝없어 보이는 고민과 싸움 속에서도 하나님의 사람으로서 위대한 발자취를 남겼다. 우리가 모두 다 요한 웨슬레처럼 될 수는 없지만 요한 웨슬레가 남기고 간 그 위대한 정신과 신앙만은 우리가 계승시켜야 할 사명이 있다고 본다.

하나님은 오늘도 죽어가는 교회와 사회를 살리는 사람, 이 나라를 살리는 사람들을 찾고 있다. 그저 교인의 수가 불어나는 것에 만족하지 않고 변화된 한 사람, 구원의 확신을 가지고 세상을 변화시키는 사람이 필요한 때이다. 오늘 이 시대는 요한 웨슬레 부흥 전도 운동이 필요한 때이다. 제2의 요한 웨슬레들이 필요한 시기라고 할 수 있다.

결과적으로 요한 웨슬레의 신앙 부흥 운동 이후부터는 영국 교회에서는 일반적으로 성공회를 High Church라고 부르고 그 외에 교단이나 교회들을 Low Church라고 부르기 시작했다. 요한 웨슬레의 신앙 대각성 운동이 발판이 되어 영국에서는 감리교 외에 스코틀랜드를 중심으로 한 장로교는 후에 네덜란드와 미국에 정착하게 되었고 그 외에 미국에서는 루터교, 침례교 등 여러 교단이 조직되기 시작했다.

● 아르미니우스(1560~1609)

감리교를 창시한 요한 웨슬레는 성공회의 사제로서 영국의 신앙 부흥 운동을 일으켰다. 그의 신학적 배경은 칼뱅보다도 오히려 아르미니우스의 자유주의 신학에 가깝다고 할 수 있다.

아르미니우스는 네덜란드 출생으로 그의 어머니는 경제적 어려움으로 인해 아들을 가톨릭 신부의 양자로 맡겼다. 그 당시 마르부르크 대학의 저명한 교수 한 분이 아르미니우스가 어렸을 때부터 총명한 것을 보고 그를 루터파 대학교에서 공부를 하게 하였다. 후에 그는 다시 로

테르담의 개혁교회의 목사 피터 베르티우스(Peter Bertius)의 집에 보내졌고 베르티우스 목사는 그를 라이덴의 대학으로 보냈다.

그는 또한 암스테르담의 교회의 후원자들로부터 많은 재정적 도움을 받았는데 앞으로 목사가 되어서 반드시 돌아와야 한다는 조건으로 제네바에서 최상의 교육을 받게 했으며 우선 칼뱅주의 신학자들인 교수들로부터 신학을 배우게 하였다. 그리하여 그는 이 때에 칼뱅주의의 신학을 접하게 되었다.

1589년 당시 학자도 아니고 목사도 아닌 평신도인 코른헤르트(Koornheert)라는 사람이 예정론의 이론을 논박하는 학술과 강연을 하고 저서를 발행했는데 놀랍게도 이 이론은 신학계에 돌풍을 일으켰다. 그는 만약 하나님이 죄의 원인이시라면 하나님은 바로 죄의 창시자가 된다는 것에 관하여 논의했다. 그가 매우 뛰어나게 그 논의를 이끌어가자 칼뱅주의의 전체 체제와 정치적 안정성 자체가 침해받을까 하는 두려움이 생겨나게 되어 그를 논파할 수 있는 목사로 아르미니우스에게 그 임무가 주어졌다.

아르미니우스는 우선 성경 자체, 로마서에 나타나는 예정에 관한 진지한 연구부터 시작했다. 특히 칼뱅주의자들 교리의 중심지가 되는 9장에 관심을 집중했다. 로마서에 관하여 연구가 진행될수록 아르미니우스는 바울이 실제로 예정론을 논박했다는 것을 확신하게 되었다. 개인 구원은 항상 신적 작정에 의해서가 아닌 믿음에 의해 이루어졌고,

여기에 하나님의 의가 놓여 있다. 아르미니우스는 예정에 대한 자신의 믿음을 단념하지 않고, 다른 시야에서 성경적인 예정을 보았다.

더욱 나아가서 아르미니우스는 초대교회 교부들의 책을 읽고 학문적으로 검토한 결과 아우구스티누스의 예정설이 있기는 했지만 칼뱅이 주장하는 예정설이 정설로 또 공식적으로 교회에서 받아들여진 적이 없다는 것을 발견했다. 그는 이후 로마서를 강해할 때에 타락 전 예정설에 강조를 두지 않고 로마서의 참되고 풍성한 의미를 강해하기 시작했다. 그는 권위가 사람들의 의견이 아닌 하나님의 말씀에 있다고 주장했다. 신앙 신조가 아닌 성경이 단 하나의 정통적인 근거가 되기를 원했다. 아르미니우스는 신적 작정에 관한 타락 전 예정설의 개념을 다음과 같은 이유로 거부했다. 1. 과거 1,500년간 그것은 책임 있는 신학자들에 의해 주장되지도 않았었다. 2. 전체 교회에 의해 수용되지도 않았었다. 3. 이것은 하나님을 죄의 창시자로 만든다. 4. 그것은 창조되지 않은 사람에 관해 선택의 작정을 만든다.

만약 하나님께서 인간으로 하여금 죄를 짓게 하는 원인이라면, 하나님은 곧 죄의 창시자이다. 아르미니우스는 타락 전 예정설의 논리는 결코 이런 결론을 피할 수 없다고 주장하였다. 그는 "하나님에 대한 신성 모독 중 가장 심각한 것은 하나님을 죄의 창시자로 보는 것이다."라고 말하면서 이러한 오류를 비난하는 데 전력하였다.

아르미니우스는 신학적으로 자유의지에 기울었지만 불행하게도 신학적 문제들을 완전히 해결하지 못한 채 1609년에 세상을 떠났다. 예정에 관한 아르미니우스의 원리들에 의하면 1. 예정 교리는 1차적으로 논리적이거나 철학적이 아니라 반드시 성경적이어야 한다. (이 점은 후에 감리교 창시자 요한 웨슬레의 원리가 되었다.) 2. 예정은 반드시 기독론적으로 이해되어야 한다. 신적 작정이 아닌 그리스도가 구원의 근원이며 원인이다. 3. 구원은 반드시 복음적이어야 한다. 즉 그리스도를 개인적으로 믿는 믿음에 의해 구원을 받는 것이다. 4. 한편으로는 하나님을 죄의 창시자로 만드는 어떤 이론도 비성경적이고 다른 한편으로는 인간을 자기 스스로의 구원의 창시자라고 말하는 것도 논리적으로 불가능하다.

위의 네 가지 법령(decrees)에 비추어 본 아르미니우스의 예정이론은 다음과 같다.

1. 하나님께서는 자신의 죽음을 통하여 죄를 파괴하는 자로 그의 아들 예수 그리스도를 작정하셨다. 그리스도는 인간의 구원을 위한 선택된 사람(Elect Man)이다. 각 개인들은 구원에 선택되어지지 못했으나 그리스도는 인간들의 유일한 구세주로 지명되었다. 구원의 방법은 예정되었다.

2. 하나님께서는 회개하고 믿는 모든 사람들을 자신의 은총으로 받아들이시기로 작정하셨다. 주된 강조점은 "그리스도 안에"이다. 그리스도의 공로로, 그리고 그리스도를 통하여, 구원은 참고 견디는 자들에게 부여된다.

3. 하나님께서는 자신의 목적을 성취시키는 수단(능력)으로 은총을 사용하신다. 모든 사람이 그리스도께 돌아오고 또 그리스도를 믿는 것이 가능하게 하기 위하여 은총은 모든 사람에게 부여되었다. 이것이 선행 은총이다. 인류로 하여금 구원을 받을 수 있도록 한다.

4. 하나님께서는 신적 예지에 근거하여 예정하신다. 하나님께서는 믿을 사람과 믿지 않을 사람을 미리 아시고(예지, 豫知) 거기에 따라 예정하신다.

아르미니우스는 예정에 대한 부분만을 거절하는 자로 볼 수 있다. 아르미니우스는 이러한 예정의 부분만 거절했고 모든 사람들의 죄를 위하여 죽으신 그리스도를 믿기 때문에 칼뱅주의 4대 강령만 믿는 온건한 칼뱅주의자로 볼 수 있다.

아르미니안 신학자인 F.L. 폴린트는 "우리 복음은 하나님이 예수 그리스도를 믿는 모든 사람의 구원을 예정하셨고, 예수 그리스도를 믿지 않는 모든 이가 영원한 죽음의 정죄를 받도록 예정하셨다."고 말한다. 즉 아르미니우스의 예정의 표현과 그 개념이 칼뱅주의에서 말하는 예정과는 다르다는 점을 알 수 있다.

아르미니우스의 다섯 가지 전제 :

1. 예지에 기초한 조건적 선택(Conditional Election)

2. 인간의 개인적 믿음에 의해 제한되어지는 만인 구속설(Universal Atonement)

3. 하나님의 은총이 없이는 선을 행할 수 없는 자연적 무능력(Natural Inability)

4. 선행적 은총(Pervenient Grace) : 인간의 선의 근거로 제시해주는 은총이 필요하다.

5. 조건적 견인(Conditional Perseverence) : 비록 하나님께서 모든 상황에서 충분한 은총을 주실지라도, 인간은 이것을 무시하고 은총에서 떠나 영원한 멸망으로 떨어질 수 있다.

이것에 대항하여 칼뱅주의자들이 답한 것이 도르트총회에서의 TULIP 이라고 불리는 칼뱅주의 5대 강령이다.

도르트공의회는 1618년 시작이 되어, 154번의 회의를 계속한 후에 1619년에 끝났다. 102명의 네덜란드 정통 칼뱅주의자들은 외국에서 온 28명의 칼뱅주의 대표자들과 함께 회의의 공식적인 구성원이었다. 아르미니안의 대표자들은 13명이 참석했으나 그들은 국가의 죄수들이었다. 교회와 국가의 전 영역에 대한 항거와 그들의 신학적 입장 때문에 그들은 반역죄를 선고받았으며, 따라서 그들은 발언권과 선거권을 가지지 못했다. 그 결과 만장일치로 칼뱅주의의 주요 5대 교리가 공식적인 칼뱅주의의 입장으로 선포되고, 아르미니안의 주장은 이단으로 선포되었다. 하지만 여기에서 이단으로 선포되었다고 해서 그들의 사상이 반드시 이단이라는 것은 지나친 논리라고 말하는 학자들도 많이 있다.

여기서의 칼뱅주의는 극단적 칼뱅주의(Hyper Calvinism)이라고 평하고 요한 웨슬레는 이러한 극단적 칼뱅주의를 비판하여 예정론을 거부했다.

아르미니우스 추종자 일부는 펠라기아누스적 합리주의(pelagian rationalism)에 빠졌다. 이러한 형태로 아르미니우스의 주장이 왜곡되어서 인간을 고양하고 구세주의 필요성을 부인하는 신학적 자유주의로 발전하게 된다. 이들은 인간은 죄로 묶여 있으며, 구세주에게 의지해야 한다고 생각하지 않는다. 교육과 사회적 불평등을 시정함으로써 인간들을 곤경에서 구원할 수 있다고 보았다.

그러나 아르미니안주의는 항의자들(Remonstrants)의 5가지 주장에 기초하고 있으며 하나님이 그리스도 안에서 자신의 사랑을 모든 사람에게 베푸시고 모든 각 개인들을 그러한 사랑을 영접해야 할 개인적 책임을 가져야 한다고 믿는다.

요한 웨슬레는 "아르미니안주의가 무엇인가?"라는 질문에 이렇게 답한다. 그들은 칼뱅주의자들과 마찬가지로 강력하게 원죄를 긍정하고 믿음에 의한 칭의를 가르친다. 그들은 그리스도께서 모든 사람을 위하여 죽으셨으나, 인간은 하나님의 사랑을 거부할 수 있으며 신자들도 영원한 믿음의 파선을 할 수 있다고 생각한다. 칼뱅주의자들은 예정이 절대적이라고 믿고, 아르미니안주의자들은 구원이 그리스도를 믿는 믿음에 의하여 결정된다고 믿는다. 웨슬레는 아르미니안을 반대하는 많은 사람들은 자신이 반대하는 것을 잘 이해하지 못하고 있다고 확신하였다.

근본적으로 아르미니안주의는 칼뱅주의의 도덕 무용론, 율법폐기론(Antinomian)적 경향에 대한 윤리적 반동이었다. 만약 인간들이 모든 면이 예정에 의하여 결정된다면, 거룩(성결)에 대한 윤리적 요구는 그리스도인의 삶에 아무런 관련도 없게 되기 때문이다.

이러한 아르미니우스주의에 영향을 받거나 지지하는 사람으로 대표적인 인물은 감리교의 창시자 요한 웨슬레와 그의 형제 찰스 웨슬레가 있으며, 미국의 복음 전도자 빌리 선데이, 드와이트 라이먼 무디와 빌리 그래함을 들 수 있다. 교파별로 요한 웨슬레의 영향을 받은 감리회, 성결교, 구세군, 오순절교회의 경우 이러한 아르미니우스의 영향을 받은 교파이다.

침례교의 경우 어떠한 신학보다 성경 그 자체를 중시하는 교파로써 칼뱅주의와 아르미니안주의의 두 신학을 다 수용하고 있는데, 아르미니우스주의를 추구하는 침례교회를 일반침례교회, 칼뱅주의를 따르는 교회는 특수침례교회로 칭하고 있다.

사실 아르미니안주의가 칼뱅주의 신학을 반대하는 신학이기도 하고 사람의 행위를 중요시 여기기 때문에 극단적인 신비주의자들에게도 반발을 받는다. 또한 아르미니안주의와 일부 비슷한 주장을 하는 자유주의 신학들이 있기 때문에 보수주의자들에 의해 간혹 아르미니안주의가 곧 자유주의 신학이라는 일반화를 받기도 하지만, 자유주의 신학과 아르미니우스주의는 완전히 별개의 것이다.

아르미니안주의는 그저 칼뱅주의 신학과 같지 않은 견해일 뿐이고, 사람의 행실로 믿음의 상태를 점검할 필요성을 조금 더 중요시 여겼을 뿐, 자유주의 신학과 같이 성경의 권위와 예수의 신성을 부정하는 신학이 아니다. 또한 칼뱅주의도 믿음은 행함으로 나타난다고 주장하는 것은 마찬가지이다. 아르미니안주의 신학은 행함으로 자신의 믿음을 점검하고, 믿음이 흐트러졌을 때에 회개하는 것을 조금 더 중요시 여겼을 뿐, 행위가 아닌 믿음으로 구원 받는다고 주장하는 것은 마찬가지이다.

또한 아르미니안주의가 자유주의라는 인식 때문에 아르미니안주의를 지지하는 교단들은 전부 진보적이라는 인식이 있을 수는 있다. 여기서 "자유주의"란 사회문화적으로 자유로운 것을 의미하는 것이기 때문에 진보주의와도 관련이 있다. 또한 거의 대부분의 기독교에서 이단으로 취급하는 세미펠라기우스주의와 매우 자주 혼동된다. 세미펠라기우스주의는 자신의 행위로 인한 '의'로만으로는 구원에 이르기에 부족해서, 자신의 행위로 인한 의와 하나님의 은혜가 합쳐져서 구원에 이른다는 주장이다.

세미펠라기우스주의가 주장하는 바에 대해 다시 설명하자면, 하나님이 사람에게 구원의 은혜를 베푸시는 이유는 그 사람이 거듭나기 전에도 나름 도덕적인 삶을 살았는데 나중에 믿음까지 갖게 됐기 때문이고, 거듭난 후에도 거듭나기 전의 도덕적 성향이 그대로 남아서 그것과 하나님의 은혜가 합쳐져 사람은 온전히 선을 행할 수 있다는 것이다. 세미펠라기우스주의의 이런 주장은 사람이 은혜를 힘입어 믿음으로 한 선한 행위를 하나님이 기뻐하신다는 가톨릭 등의 주장과는 매우 다르며, 회개하고 은혜를 받아들이게 되면 거듭나기 전의 나름 도덕적으로 살려고 했던 성향조차 자기 의를 세우려고 했던 교만이라는 것을 깨닫고 그런 성향이 사라진다는 것이 정상적인 기독교 교리라고 말한다.

아르미니안주의는 전적으로 하나님의 은혜로 구원 받는다고 주장하며, 성도의 거룩한 행위는 그 사람이 스스로 내세울 만한 의가 아니라 성령 하나님의 일방적인 은혜로 말미암은 것이라고 말한다. 즉 인간이 구원을 위해 할 수 있는 것은 자신의 자유의지로 하나님의 은혜를 거절하거나 받아들이는 것뿐이며, 구원은 온전히 하나님의 은혜로만 이루어진다는 이론이 아르미니안주의이다.

또한 누가복음 13장 24절, 히브리서 4장 11절, 베드로후서 3장 14절 등을 근거로 구원을 위해 힘써야 한다고 주장한다고 해서 아르미니안주의가 행위구원이라고 주장하는 사람들이 있는데, 이것은 자기 의를 세우려고 힘쓰라는 말이 아니고, 자기 자신의 끊임없는 죄성을 십자가에 못 박아 온전히 그리스도가 내 안에 사시도록 힘쓰라는 말이다. 다시 말해 자신의 힘으로 뭔가 해보려고 하겠다는 자신의 종교적 혈기가 있다면 그것은 버려야 할 것이고 힘을 빼야 하지만, 신앙생활이 귀찮거나 다 포기하고 싶을 정도로 힘들고 절망적인 상황에서도 포기하지 않고 회개하여 하나님께로 돌아가는 것과, 틈날 때마다 예수님을 찾으며 기도하는 것과, 믿음으로 선을 행하는 것에는 부지런히 힘써서 하나님과의 관계를 지속적으로 유지해야 한다는 것이다.

이 예정에 대한 표현으로 아르미니우스는 "인간의 대한 구원의 선택과 파멸의 유기"라고 표현한다. 극단적 칼뱅주의는 이전에는 강경한 칼뱅주의로 표현되거나 가짜 칼뱅주의로 표현되다가 19세기 후반에 극단적 칼뱅주의로 불리게 되었다. 이들의 문제점은 복음 전도와 설교, 기도와 같은 인간의 노력 없이 하나님의 주권적 뜻으로 선택하신 자를 구원한다는 가르침을 말하기 때문이다.

이들은 때로 선하고 악한 인간의 모든 행동도 하나님이 지시하신 것으로 본다. 이들은 복음 전도와 선교를 무용지물로 만들 정도로 극단화된 칼뱅주의이다. 사람이 아닌 하나님만이 하신다며 아무런 노력도 하지 말고 기도만 해야 한다는 주장을 하는 사람들을 아르미니안주의자들은 이단으로 보고 있다. 왜냐하면 예수를 진정으로 믿는다면, 성령을 받아 하나님의 뜻대로 행하게 되기 때문이다.

아르미니안주의자들이 가능한 한 천주교적인 요소들을 배제하려고 한 것도 하나의 특징이다. 그리고 진보적인 성향 때문인지 성공회를 아르미니안주의라고 알고 있는 사람도 많이 있다. 아르미니안주의자들은 올바른 신앙생활을 통해 서서히 발전하는 성화의 수준이 반드시 필요하다고 주장한다.

아르미니안주의자들은 구원이 무조건 하나님의 은총으로만 가능하다고 여기기 때문에 의롭게 된다는 것은 100% 하나님의 자비와 은총으로만 이루어지며 사랑으로 행하는 믿음인 선한 행위 또한 하나님 자비와 은총의 발로일 뿐이지만, 자유의지로 인한 인간적 차원의 선행이 하나님적 차원의 의를 잃지 않도록 해야 된다고 아르미니안주의자들은 계속 강조한다.

칼뱅의 예정론보다 아르미니우스의 자유의지에 기반을 둔 감리교회는 구원에 대하여 하나님의 예정을 완전히 부정하지는 않지만 인간의 자유선택에 더 무게를 두는 것 같다.

감리교회(Methodist Church)는 성서를 중심으로 한 이성, 전통, 체험을 기독교의 근간으로 이해하는 복음주의적이며 경건한 신학적 입장을 가진 개신교 교파로 개신교 공교회주의를 따른다. 예배와 예식의 전통을 강조하며 성찬의 중요성을 강조하고, 성찬신학에 활력을 넣었으며, 야외 성찬과 함께 매주 성찬을 개신교 최초로 권고한 개신교 종파이다. 세계감리교협의회를 통해 전 세계의 감리교회 전통을 지닌 교단들이 소통하며, 전 세계에서 활동한다.

신학적으로는 종교개혁가와 웨슬레의 전통을 수용하고 있으며, 교회 구조는 공교회(보편교회)의 구조인 감독제 교회이다. 지역을 중심으로 한 지방회의 감리사, 대규모 구역인 연회에 감독이 있는 교회 구조를 가졌다. 감독은 선거를 통해 선출되며 연회의 성직자 안수와 주요 의사 결정을 내린다.

감리교는 18세기 요한 웨슬레의 복음주의 운동과 사회복음 운동, 그리고 부흥 운동인 감리회 운동(Methodist Movement)으로 등장한 개신교 교파다. 성직자이자 신학자였던 요한 웨슬레는 영국이 신앙적인 침체기에 빠져 있을 당시, 동료 성직자가 된 그의 동생 찰스 웨슬레, 조지 휫필드 등 옥스퍼드 대학교를 중심으로 한 종교 클럽을 조직했다. 그들은 클럽 활동을 통해 성경을 연구하고 병자와 빈민, 감옥에까지 방문하여 전도에 힘썼다. 교회 전통을 따라 공교회적 예식을 중시하고 조직적으로 행동하는 것이 특징이었으며 이는 감리교회의 시초가 되었다. 현재 전 세계적으로 8천5백만 명이 넘는 신도들이 있는 개신교 교회로 폭넓은 신학적 토양을 제공하였으며, 특히 영국과 미국, 남아메리카, 아프리카에서 봉사 활동(구원 활동)을 하고 있다.

감리교회의 신학은 정통적인 복음주의와 개신교회 공교회주의를 따르며, 무엇보다 성경을 통한 체험적 신학을 토대로 가진다. 모든 것은 하나님의 은혜나 그것을 받아들이는 인간의 응답이 반드시 따라야 한다는 것이 웨슬레가 말하는 자유의지다. 이를 다섯 가지 측면으로 나누어 생각할 수 있다.

첫째, 감리교는 공교회적 구원론을 재발견하였다. 초대교회와 공교회의 만인 구원론을 바탕으로 누구나 구원을 받을 성도가 될 수 있으며, 구원에 참여하는 결단을 내리는 인간의 자유의지를 존중한다. 오직 하나님의 섭리로 구원 받을 대상이 이미 정해졌다는 예정론을 거부하고, "절대적인 사랑의 하나님"은 구원을 하시는 분으로 인간은 하나님의 구원에 가까이 가고자 하는 결단이 필요하다고 본다.

둘째, 삼위일체 하나님에 대한 체험 신앙이다. 종교적인 체험은 추상적인 절대적인 교리로서 하나님이 아니라 누구나 체험할 수 있는 삶의 변화, 회개, 거룩한 용서를 느끼고 십자가를 지신 역사 속, 신약성경에 기록된 부활의 그리스도를 따르고 확인하는 신앙을 강조한다.

셋째, 평신도를 교회의 온전한 지체로 이해한다. 평신도를 위해 교회 교리를 찬송으로 고백하고 이해하도록 하고, 교회 활동에 참여하도록 하였다. 성례전을 제외한 교회 활동을 평신도에게 개방한다. 일찍이 감리교 운동이 시작될 무렵부터 영감에 넘치는 수많은 찬송가를 작사하고 작곡하거나 기존 노래로 불러서 감리교 발전에 크게 공헌한 바 있다. 평신도가 교회 내에서 속회를 통해 작은 모임으로 활동하며 선교와 전도, 성경 공부 활동을 강화하고, 속회 지도자를 평신도에서 선출하였다. 야외 전도와 순회 전도에 성직자의 설교와 성찬식과 함께 평신도들을 동참시켜 회개와 체험 나누고 평신도의 역량으로 교회의 지체가 되도록 한다.

넷째, 기독자의 완전을 추구하여, 교육을 중요시하며, 동시에 사회적 관심을 고양시킨다. 웨슬레의 신학은 "완전을 향한 실천"이지 완전한 교리가 아니었고, "완전한 사랑"이지 완전한 도덕이 아니었다. 그리스도를 향한 신앙을 실천하는 과정을 중요시하며 그 과정을 통해 발전하는 완전한 사랑을 강조한다. 완전한 실천을 위해 어른만이 아니라 그들의 자녀도 성경의 복음으로 훈육하고, 예수 그리스도를 알고 따라 살게 하며, 그리스도를 닮은 인격이 되도록 노력한다. 완전한 실천은 개인적인 차원을 넘어 사회적 차원으로 관심을 기울여야 한다.

18세기 산업혁명 시기에 영국의 극심한 대립적 사회 구조 상태에서 빈민, 고아, 노인, 노동자, 농노, 노예의 신앙적 차원뿐만 아니라, 사회적 생활 환경을 향상시키고자 하였다. 사회적 복지와 사회제도 개선을 주장하였고, 하나님의 창조의지를 벗어난 농노 제도, 노예제도, 아동노동, 과다한 노동시간, 고리대금업을 폐지하는 사회개혁 운동을 전개하였다. 이는 당시 영국의 사회, 정치, 경제적인 대립적 갈등을 줄이는 역할을 수행하였다.

다섯째, 공교회주의(보편교회주의)를 바탕으로 하는 교회연합을 강조한다. 교회가 동서로 분리되는 11세기 이전인 공교회 시기의 신학과 교회 제도에 대한 신학적 관심을 바탕으로 공교회를 따르는 현재 세계 교회들의 일치를 강조한다. 대한민국에서도 미국의 선교로 남북 감리교회가 하나의 감리교회가 되었고, 한국전쟁과 역사적 문제들에서 대한민국 감리교회는 분리되지 않고 있다가 결국은 기독교 감리회와 예수교 감리회로 갈라서게 되었다. 그러나 기독교 감리회는 한국을 대표하여 활동하고 있다. 세계적으로도 감리교회는 최초의 개신교 연합회인 세계감리교협의회를 설립하고, 20세기에 전 세계의 교회 일치 운동, 즉 에큐메니컬 운동을 시작한 지도적 교회이다.

이런 감리교회의 사상은 자유의지 개념으로 예정론의 칼뱅의 개혁교회(Reformed Church)와의 신학적 입장 차이를 보인다. 웨슬레의 구원론에서는 구원은 예정되어 있지 않고 예지되어 있으며 하나님의 은총에 대한 인간의 반응이 반드시 수반되어야 한다. 네덜란드 개혁파 신학자 아르미니우스와 감리교회를 유사하다고 하여 개혁파 교회에서는 감리교를 아르미니우스주의라고 부르기도 하지만, 웨슬레와 감리교 신학을 아르미니우스의 신학과 비교해 살피면 예정론의 거부만 유사할 뿐 그 이외 부분은 전혀 다르다.

감리교회에서는 이전 종교개혁에서 강조한 성화를 감리교회의 성화 사상으로 발전하였다. 감리교회의 성화는 인간의 의지와 하나님의 은총으로 하나님께 더 높은 수준으로 만나며, 더 가까이 갈 수 있으며, 이를 체험하면서 한 번의 구원 은총에만 멈추지 않아야 한다는 신학적 입장이다. 이런 신학적 배경에는 영국의 국가 주도 종교개혁이 부족하다고 보고 언약사상으로 개혁하려고 했던 청교도와 독일 교회의 경건주의와 초대교회의 전통을 존중하는 공교회(보편교회) 전통과 함께 영향이 있다.

감리교회는 루터교회와 함께 개신교 전통적 복음주의 신학을 배경으로 조직신학, 기독교 사상 부문과 성경신학에서 새로운 연구에 대해서도 포용적 성향이다. 따라서 신학적 입장에서 보았을 때 감리교회는 다양한 신학을 존중하며 상당히 진보적인 성격과 동시에 공교회주의와 기독교의 전통을 중요하게 생각하는 정통적 성격을 동시에 지니고 있다.

미국 내의 감리교회는 영국 감리회와 달리 감독제 교회 형태를 유지하며 발전하여 1950년대까지 미국 내에서 가장 큰 개신교 교회 중의 하나로 성장하였다. 현재 대표적인 교단은 1968년 '감리교회(The Methodist Church)'와 역시 감리교 전통의 '복음주의 연합 형제교회(The Evangelical United Brethren Church)'가 통합하여 세워진 '연합감리교회(The United Methodist Church)'이다. 그 외에 '자유감리교회(The Free Methodist Church)' 및 '나사렛교회(Church of the Nazarene)'가 전통을 공유하고 있다. 20세기 초에는 감리교회 내에서 개인의 성화를 중요시 하는 성결운동로 인해 성결교회가 발생하였고, 영적 체험과 은혜를 강조하는 오순절 운동이 벌어지면서 오순절교회가 발전하기 시작했다.

연합감리교회의 조직은 미국 이외에도 캐나다와 유럽, 아프리카와 필리핀의 교회들을 포함한다. 그 외 감리교회들은 국가별로 독립된 교단을 형성하여 운영되고 있다. 세계 각지의 감리교회의 교류를 위해 미국 노스캐롤라이나에 세계감리교협의회 본부가 있다. 보편교회의 감독제 교회 전통을 계승하여 감독을 중심으로 한 감독제 교회의 치리형태를 유지하고 있다.

최근에 감리교가 여러 가지 문제로 분열 사태에 있는 것에 우려를 나타내고 있는데 감리교미래정책연구원장 이상윤 목사는 이러한 문제들을 하나씩 자세히 지적하고 있다. 미연합감리교회가 동성애 문제로 분열되고 있다. 2023년 말까지 재산권 연금부담금 청산 등을 조건으로 하는 교단 이탈을 진행하고 있다. 이는 지난 세월 진보적인 개신교 가운데 동성애 문제로 분열하고 있는 수순을 밟고 있는 중이다.

지난 2003년 여성 동성애자 매리 그래스틀을 주교로 선임한 성공회를 시작점으로, 2007년에는 미연합장로교회가 동성애를 인정하면서 분열하였고, 2009년에는 루터복음교회가 동성애를 인정하면서 역시 분열하였다. 그러나 아직도 정교회와 남침례교는 동성애를 인정하지 않고 있으며, 하나님의성회와 오순절성령은사주의교회들도 역시 마찬가지다. 성경은 동성애를 죄이고 반사회적인 범죄라고 보고 있다. 페미니즘과 해방신학에 서 있는 교회들은 동성애를 지지하고 있다. 오바마 행정부가 동성애를 지지한 것은 2015년이었다. 지금 바이든 정부는 낙태법을 지지하고 있다.

지난 2016년 세인트루이스 정기총회에서의 교단 투표는 전통주의자가 이긴 것으로 나왔지만 진보적인 총감독회의에서 동성애를 용납하는 방향으로 나가자, 여기에 반발한 전통주의자들로 인해 교단은 깨지고 말았다. 미국감리교회는 감리교 장정 2553조에 의하여 분열을 허용하고 있다. 가족을 소중히 여기고 하나님이 창조한 가족이라고 믿고 있는 교회는 동성결혼이 신의 뜻에 어긋난다고 보고 있다. 성경 레위기 신명기에 근거하여 특히 창세기의 소돔과 고모라를 근거하여 반대하고 있다.

건국 초기 감리교는 인종차별 문제로 아프리카 시온감리교회가 분열되어 나간 이후 노예제 문제로 남북으로 감리교회가 분열하였다. 1920년대는 자유감리교회파가 분열하여 나갔고 나사렛교회도 이탈한 바 있다. 감리교는 1738년 5월 25일 웨슬레의 올더스게이트 회심을 교단의 기원으로 보지만, 사실은 회심 후 1739년에 런던 북부에 있는 페터레인에서 연합신도회가 결성되고 성령세례를 받은 것을 더욱 중시한다. 현대적인 오순절성령은사 체험을 한 것인데 뉴캐슬 업폰 타인에서도 60명의 초창기 신도회·임원들이 집단으로 은사 체험을 한 바 있기 때문이다. 방언을 받고 은사를 체험하고 갑자기 폭발적인 성장을 경험하였기 때문에 잊지 못하는 것이다. 물론 영국 성공회 신부로 설교하고 다녔던 웨슬레는 고교회주의(High church, Anglo—catholic)를 신봉하고 있지만 대중들에게는 실질적인 신성(Practical Divinity) 체험이 강조된 그의 부흥 운동은 서민 대중들의 영성이었던 것이다.

지난 1968년 미감리교회는 독일어를 사용하는 복음형제연합교회와 합동하여 미연합감리교회를 만든다. 그러면서 하나님의 선교 신학을 채택하고 현대주의적인 선교 정책을 앞세웠다. 에큐메니컬 노선이 분명한 교단의 일원이 된 감리교회는 WCC 운동에도 적극적으로 참여하였다. 성도의 수만 1,200만 명이고 교회 수는 4만 5천 개에 달한 미연합감리교회는 미국 내 개신교단 가운데 2위를 기록하고 있다. 교단 내 감리교 계통학교 신학교 수만 13개이다. 1920년대 근본주의(현대주의 논쟁이 일어난 것처럼 복음주의) 에큐메니컬 노선이 갈등하였고 70년대에는 복음주의 그룹의 맹활동으로 진보신학에 찬물을 끼얹은 바 있었다.

다양성 속의 일치라든가 사회적 관심이 깊은 사회신경을 채택한 교단답게 긴급 구호 활동이나 세계 선교부의 민중들을 향한 선교로 유명한 미연합감리교회는 한국감리교회에도 손을 뻗어 산업선교를 후원해 주고 민주화와 인권 운동을 적극 지지해 주었다. 그러나 교회가 목양에 충실하면 동성애 이슈에 연연하지 않는데, 전통주의자들을 제치고 진보진영이 에큐메니컬 노선을 강력하게 밀고 나오자 동성애 문제로 대립각을 세우기 시작한 것이다. 그러나 지금도 교단 내에는 중립파도 있고 점진적인 세력으로 나가는 그룹들이 있어, 전통주의자들의 집합체인 웨슬리안언약협회는 대세를 구축하지 못하고 있었다.

그러나 막상 교단의 분열이 가시화되자 미연합감리교회 총감독회의 불만을 품은 웨슬리안언약협회는 대안 세력으로 급부상하면서 이탈 세력들 대부분이 주도하는 글로벌감리교회(Global Methodist Church)로 넘어가기 시작하였다. 지난해 2022년 5월 1일에 인디애나에서 공식적으로 출범한 교단이 현재까지 3천여 감리교회를 흡수하고 기염을 토하고 있는데, 장정의 시한인 2023년 말까지는 5천 개의 교회들이 합할 것으로 전망하고 있다.

지난 2014년 샌프란시스코에서 목회하던 여성 레즈비언 카렌 올리베토가 감리교 감독이 되었는데, 이번 2022년 11월에도 남성 동성애자 브릿지포트가 감독이 되었다. 장정 위배로 일어난 동성애자 등장이다. 그러나 다행인 것은 가톨릭의 고위 성직자들이 범하였다는 소아성애자 문제는 수면 아래에 있다.

건국 초기 미감리교회는 성공회를 본뜬 감독제를 채택하여 제도권 교회로 진출하게 된다. 그러나 애팔래치아 산맥과 대평원 지역에서의 감리교 선교는 별로 효과를 두지 못하고 있다. 19세기부터 감리교회는 중산층화되면서 교역자들은 도시목회에서 성공하게 되고 개척 시대의 옛 모습은 없어져 갔다. 지금은 대략 2천 명에서 3만 명을 웃도는 대형 교회들이 등장하면서 전문화 시대가 열렸다.

감리교 특징은 선교 이슈와 사회참여의 강도를 결정하는 데 세상의 악을 구조적으로 파악하면서 노동 인권과 이주자 권리를 존중하고 자연 환경 파괴와 기상 정의를 실현하자는 방향으로 나가고 있다. 궁극적으로는 정의 평화를 위해 선교하는 공동체를 구현하여 교회와 지역 사회에 미치는 과제에 깊이 관여하고자 한다. 의회에서의 입법 로비 활동과 기독교세계봉사회와 감리교 긴급 구호 활동에 주력하고 있다. 지금 미연합감리교회의 문제는 단지 동성애 문제만이 아니라 교단 내 헤게모니 쟁탈전에 달려 있다 해도 과언이 아니다.

먼저 꽂혀 있는 문제는 종신 감독제이다. 교회의 인사와 재정 등 전반적인 행정 처리 문제에 전권을 행사하는 감독제도로는 교회의 미래를 기대할 수 없다고 본다. 1년 활동 경비만 1백만 달러나 지출되는 것부터 10명이 넘는 실무진을 운용하는 문제가 바로 그것이다. 교권은 권위주의가 생명이다. 일선 교회가 안고 있는 문제는 과도한 선교 분담금 문제다. 감독 임기를 제한하자는 것도 다 같은 맥락에서 나온 이슈들이다. 글로벌감리교회는 선교 분담금을 현행 15%선에서 1%선으로 하자는 것이다. 특히 종신제 감독에 대한 불만이 터져서 감독의 임기를 줄이자는 것이다. 문제의 핵심이다.

미연합감리교회 감리사는 임기 6년에 연봉이 20만 달러 정도 된다. 열악한 지방 교회들의 형편에서 본다면 감리교는 행정 관료들의 천국인 셈이다. 보유한 자산 규모도 어마어마하다. 이러한 선교 환경에서 교역자 파송권을 쥐고 있는 감독과 이를 수행하는 감리사들은 대단한 존재들이다. 한인 교역자가 8백여 명에 이르는 교단 현실에서 보자면, 한인교회는 지금 240여 개 밖에 없다. 나머지들은 타 인종 목회를 하고 있다. 겉으로는 신학적인 불만이 성경의 권위 문제이지만 내용적으로 따지고 들면 난맥상을 이루는 교회 파송권에 있는 것이다.

그러면서 가만히 보면 이러한 에큐메니컬적인 관성은 결국은 상대주의적 세속화 신학에서 오는 것이라고 보며 철저히 일선 목회에 승부를 걸고 교회를 부흥시키자는 것보다 목회 외적인 조건에 얽매여 현실에 안주하고 있는 것이 오늘날의 목회 현실이 문제라는 것이다.

지금 연약하고 작은 교회들은 설교하는 것만으로는 교회를 유지할 수 없다. 새롭게 다가오는 교인들을 조직하고 프로그램으로 훈련하고 복음의 공동 증거를 위한 평신도 양육이 절실한 과제다. 선교하는 전투력이 떨어지고 경건주의가 무력해진 오늘날의 목회 전선에서 영적 다이나믹스를 경험하고 선교적 교회를 일구어 내려는 의지와 정책이 문제의 핵심인 것이다. 더군다나 팬데믹(pandemic) 시대를 겪으면서 지치고 피곤한 주민들과 회중들을 되살리는 강대상을 바라보고 있다. 성경이 증거하는 예언자적 지성이 빛나고 경건의 영성이 폭발하는 다음 세대의 역군들인 청년 학생들을 육성하는 것이 가장 중요한 이유이다.

그렇게 본다면 지금 직면한 미연합감리교회의 분열의 신학적 원인은 1. 성경적 권위를 놓고 전통주의자와 자유주의자들의 분열이 있고 2. 미연합감리교회를 대표하는 총감독회와 각국의 위원들 연회의 유지재단 위원급과 실무자들의 책임 있는 지도력을 기대하고 있다. 3. 장정상 위법 행위인 동성애를 지지하는 문제 4. 작고 연약한 교회들의 부흥 문제와 이를 해결하자는 실무자들의 문제 5. 감독의 판단이 독점적인 상황에서 연회의 유지재단이 무기화되어 있는 문제, 교회당 폐쇄나 목회자 파송 등에 작용하는 문제 6. 무엇보다 성소 지망생들의 질이 문제시 되고 있는 작금의 상황 등이 다 원인인 것이다.

종교개혁 이후 이렇게 개신교들이 여러 가지 문제로 분열되는 소용돌이 속에서 로마가톨릭교회는 제1차 바티칸공의회(1869년)를 열어 보수적인 정책을 내세우며 개신교와 근대적 자유사상과 강하게 대결하였다. 그러나 제2차 바티칸공의회(1962년)에서는 정반대로 시대에의 적응을 과제로 삼으면서 에큐메니즘을 내세웠다. 현대사회의 전쟁과 평화, 부와 빈곤 등의 문제를 교회도 자신의 문제로 할 것과, 타 종교 종파 사상에 배타적이지 않을 것 등을 목표로 하였다.

그러나 유럽 국가들의 가톨릭은 개신교와 마찬가지로 점점 쇠퇴의 길을 걷기 시작했다. 가톨릭이 유럽의 정신적 뿌리라는 주장에도 불구하고. 국민의 6% 정도만 일요미사에 참석할 정도로 가톨릭 신도는 줄어가고 있었다. 그리고 프랑스에서는 이슬람교도의 약 63% 정도가 실제 사원에 나가는 상황에서 장차 이슬람교가 몇십 년 뒤엔 제1의 종교가 될 수 있다는 보도까지 나오고 있다. 교회를 매매하여 이슬람사원으로 사용하자 가톨릭과 극우파 개신교도들은 회교사원을 점거하는 등 종교적 갈등이 가중되어 프랑스의 고민이 점점 깊어지기 시작했다. 1999년에는 동성 커플 간의 결합을 인정하는 시민연대협약을 통과시킨 프랑스에서 동성애의 사회적 피해가 갈수록 심해져 가는 현실을 보고도 어떻게 할 수 없는 시대가 왔음을 감직할 수 있다.

제 4 장

미국의 개신교 현황

들어가며

미국의 개신교는 다양한 배경을 가지고 있다. 미국의 개신교는 주로 영국과 프랑스, 스코틀랜드와 네덜란드 그리고 기타 남유럽에서 건너온 이민자들 또는 식민지로 구성되었다고 볼 수 있다. 영국과 프랑스의 이민자들이나 식민지가 북미 13개주에 고루 퍼져있는 것에 반하여 스코틀랜드는 주로 미국 남부지방에 정착했고 네덜란드는 미시간주의 Grand Rapids을 중심해서 자리를 잡게 되었다. 기타 스페인과 포르투갈의 이민자들은 미국 서남쪽인 텍사스와 오클라호마주 그리고 플로리다에 정착하게 되었다.

18세기 말, 미국 혁명기 과정 속에서 북미 13주의 영국 식민지들은 영국의 지배에서 벗어나, 하나의 독립국가를 형성했다. 1789년 합중국헌법에 따라 통치되는 정부의 수립으로 결정되었다. 독립국가가 된 미국은 최대한도로 교회의 특권을 부여하였으며 그리고 미국 혁명 기간에 교회에 대한 관심도 많이 늘었다.

미국의 남북전쟁이 일어나기 전에 미국에도 성경 중심의 칼뱅주의가 다시 살아나기 시작했다. 벤자민 워필드(Benjamin Breckinridge Warfield, 1851~1921)를 중심으로 일어난 칼뱅주의 운동은 워필드가 프린스톤 신학교(1887~1921)에서 조직신학 교수로 가르치면서 활발해졌다. 워필드의 칼뱅주의 운동은 칼뱅의 기본 교리에서 크게 벗어나지 않는 한도 내에서 변증법적으로 성경을 이해하려고 노력하였다. 칼뱅이 예정론에서 하나님의 절대적 주권을 강조했다면 워필드는 하나님의 절대주권과 동시에 인간의 책임성을 강조했다.

워필드는 당시의 칼뱅주의의 본부 역할을 하던 네덜란드의 개혁주의자 아브라함 카이퍼와 헤르만 바빙크와 더불어 세계 3대 칼뱅주의 신학자 중의 한 사람으로 소문이 날 정도로 유명해졌다.

그는 철저하게 칼뱅주의적 태도로 신학에 임했다. 그가 남긴 말 중에서도 그의 분명한 신학적 태도를 발견할 수 있다. 그는 "칼뱅주의자는 모든 현상의 배후에 하나님의 임재하심을 보며, 모든 발생되는 일에서 그의 뜻을 행사하시는 하나님의 손을 인식하며, 기도로서 하나님의 대한 영적 태도를 가지며, 구원의 모든 역사에 인간 자신을 의지하는 태도를 배제하고 하나님의 은혜에만 자신을 맡기는 사람들이다."라고 말했다.

워필드는 미국에서 성경의 권위를 정립한 이론으로 가장 큰 영향을 미친 신학자이다. 그는 로마가톨릭교회의 교황 무오류성에 맞서 성경의 무오류성을 밝혔다. 그는 성경이 영감 되었다는 사실이 성경에 독특한 권위를 부여한다고 보았다. 그는 "영감은 성령이 우리가 가진 거룩한 책들의 저자들에게 행사하신 비범하고 초자연적인 영향력이다. 이 영감 때문에 이 거룩한 책들에 기록된 말씀이 하나님의 말씀인 것이며, 하나님의 말씀이기에 전혀 오류가 없는 것이다." 물론 성경이 영감 되었다 하여 성경을 기록한 저자들의 인간성과 개성이 제거된 것은 아님을 조심스럽게 강조했다. 그러나 그는 그 저자들의 인간성이 "성령의 지배를 받았으며, 그 때문에 그들이 기록한 말씀은 기록과 동시에 하나님의 말씀이 되었고 바로 그 때문에 어떤 경우에도 절대 오류가 없는 말씀이 되었다"고 역설했다.

워필드는 그의 문헌에서 삼위일체 교리의 역사적 변천 과정을 연구하였다. 그것은 "동등됨의 원칙"을 삼위의 인격 간에 확실히 하는 것과 성자 "종속론"의 원소들을 부당하게 강조하는 것에 대한 논쟁을 벌려 삼위의 동등됨을 특히 강조했다. 워필드는 존 칼뱅이 터툴리안, 아타나시우스, 어거스틴처럼 성자 하나님의 자존성을 잘 설명했다고 강조했다. 하지만 그는 그 내용을 자세히 언급하지는 않았다.

워필드 논문의 목적은 크게 두 가지이다. 하나는 워필드가 장차 모더니즘 시대에서 신학적 변증을 어떻게 했는지 살피는 것이고, 다른 하나는 포스트모더니즘 시대에 워필드의 신학이 우리에게 여전히 유의미함을 제시하는 것이다. 먼저, 19세기 모더니즘 시대라는 맥락에서 워필드가 성경의 영감을 변증하고자 했던 시도를 살펴볼 것이다. 워필드의 시도는 우리에게 두 가지 신학적 논제를 준다.

첫째, 워필드는 그 시대의 언어를 사용할 줄 알았다. 19세기 내재성과 범신론이라는 철학적·신학적 도전은 성경의 초자연적·신적 요소들을 제거하며 성경의 권위를 깎아 버렸다고 하면서 워필드는 철학적이고 신학적 도전의 성격과 본질을 잘 간파했고, 그 언어를 가지고 성경의 영감과 권위를 옹호했다. 둘째, 워필드는 정통적인 개혁신학의 틀속에서 모더니즘의 방법론을 취했다. 다시 말해서, "객관과 주관의 이분법"이라는 모더니즘의 방법론을 활용하여, 성경의 객관적 권위와 인식론적 토대를 확보했다. 그리고 그의 모더니즘의 방법론이 포스트모더니즘 시대에도 신학적 변증을 통해 가능하다는 것을 제시한 것이다.

오늘날 포스트모더니즘 시대에 모더니즘 전반에 대한 비판과 전환이 없는 것은 아니다. 워필드의 성경 변증도 모더니즘의 한계에서 이루어진 신학이라는 비판을 받았다. 포스트모더니즘을 극복하는 신학적 대안으로 성경의 권위와 교회의 삶을 동시에 강조하는 것이 중요한 신학적 요소로 제시되었다. 워필드의 이러한 "협력" 개념은 성경 영감뿐만 아니라 구원, 성화 등에서 하나님과 인간의 협력적인 사역을 강조한다. 이러한 이해를 바탕으로 워필드는 하나님의 주권적 통치와 함께 인간의 참여와 책임도 강조할 수 있는 신학적 틀을 제시하고 있다. 종교개혁을 계승하는 개혁신학의 전통 안에서 우리 신앙의 핵심인 성경의 영감과 권위를 충분히 변증할 수 있다는 태도를 드러내고 있다.

워필드의 미국 신칼뱅주의와 더불어 주로 스코틀랜드에서 미국으로 이주해 온 스코틀랜드의 후손들을 중심으로 설립된 장로교회는 미국 독립운동 당시부터 시작하여 남북전쟁에 크게 개입하여 노예 문제로 갈라지게 되었는데 노예제도를 찬성하는 북장로교회와 노예제도를 반대하는 남장로교회로 분리되었다. 결국 남북전쟁으로 인해 남쪽이 패하게 됨으로 자연히 남장로교회는 많은 어려움을 당하게 되었다. 그 후에 북장로교회와 남장로교회는 드디어 120년 후인 1983년 Cincinnati에서 미국연합장로교로 극적 연합하게 되었다.

그런가 하면 미국 개신교는 많은 변화를 가져왔는데 특히 진화론과 더불어 자유주의 신학이 등장하면서 보수적이고 주관적인 신학과 대립하게 되었다. 보수주의는 자유주의 신학에서 교회를 보호하기 위해 본질적이고 필수적인 기독교의 5대 교리 고백을 발표하였다. 1. 성경 무오 2. 그리스도의 동정녀 탄생 3. 그리스도의 대속적 죽음 4. 그리스도의 육체적 부활 5. 그리스도의 이적 등을 믿지 않으면 Christian이라고 말할 수 없다고 하면서 자유주의 신학을 공격하기에 이르렀다.

보수주의는 1929년 필라델피아에서, 메이천을 중심으로 코넬리우스 반틸 등의 교수진을 구성하여 보수적인 신학교인 웨스트민스터 신학교를 세웠는데 메이천은 1936년 북장로교회에서 정죄되자, 같은 해 미국정통장로교회(OPC: Orthodox Presbyterian Church)를 조직하였다.

이후 미국장로교회는 미국연합장로교회(PCUSA: Presbyterian Church

USA)와 미국장로회(PCA: Presbyterian Church in America), 미국정통장로교
(OPC) 이외에도 많은 군소 장로교단들로 분리되었으나 대체로 자유주
의적인 미국연합장로교회와 보수적인 장로교회로 양분되어 있다. 미국
장로회와 미국정통장로교회는 보수적인 교단으로 알려지면서 성경의
영감과 권위, 칼뱅주의 신학의 정체성을 지킬 것을 노력하는 교단인 것
을 강하게 주장하고 나섰다.

미국연합장로교회(PCUSA)의 대표적인 신학대학이 프린스톤 신학대
학이고 미국정통장로교의 대표적인 신학대학이 Philadelphia에 있는
웨스트민스터 신학교이며 미조리주에 있는 Covenant Presbyterian
Seminary가 미국장로회 신학교이다. 미국연합장로교는 여성에게 목
사 안수를 주고 동성애 대하여 매우 긍정적이나 미국장로회나 미국정
통장로교는 여성에게 목사 안수를 주지 않고 동성에 대하여 반대 입장
을 고수하고 있다.

그러나 미국장로교의 배경과는 다르게 북미는 많은 민족들로 인구
가 구성되어 있어서 다양성, 관용성이 필수였으며 원래 뿌리는 유럽 기
독교였지만, 신대륙의 상황 때문에 변화하면서 독특한 기독교로 발전
할 수밖에 없었다. 북미에서는 많은 개신교 교파들이 유럽의 모교회들
로부터 독립하면서 소위 미국적 기독교가 형성되기 시작했는데 독특한
점은 미국에 정착한 민족마다 조금씩 다른 모습을 보이고 있다는 점이
다. 스페인, 프랑스, 영국, 네덜란드계, 스코틀랜드 그리고 독일계 후
예들의 개신교들이 서로 다른 신앙 신조와 조직 체계를 갖추고 있다는

것이다. 그러나 한 가지 다른 것은 미국의 기독교는 서구에서 독립한 이후로 정교분리의 원칙을 고수하고 정부의 지배를 받지 않으려고 노력하였다.

그리고 미국에서는 20세기 이후부터 새로운 기독교 세력이 등장했는데 곧 복음주의(Evangelicalism)이다. 이 복음주의는 점차적으로 정치세력화하여 선거 때마다 많은 영향력을 끼치고 있다. 또 한편 복음주의와 다르게 근본주의 색채를 지닌 미국 남쪽 기독교 세력이라고 불리는 Bible Belt(침례교 포함)도 미국 정치에 큰 영향을 미치고 있다.

최근에 들어와서는 미국개신교는 보수주의나 자유주의 등 상관없이 근대 사상적 조류 자체들을 옹호하려는 소위 '모더니즘'에 관심을 기울이고 있다. 20세기 이후 급격하게 세속화되고 탈종교화되는 분위기 속에서 보수적인 종교관을 가진 가톨릭 신자들 역시 낙태, 동성애 등의 자유적인 성향에 많은 도전을 받고 있다. 이러한 중대한 문제를 두고 가톨릭과 보수적인 개신교는 비슷한 입장을 공유하며 공감대를 형성하고 있다. 정작 신학적으로는 서로를 부정적으로 본다는 점이 아이러니컬하지만 사회·정치적으로는 미국 가톨릭교회와 개신교는 같은 길을 걸어가려고 노력하는 모습이 보인다. 보수 가톨릭과 보수 개신교가 사회 보수주의적 가치 추구라는 대의명분 하에서 비슷한 입장을 공유하고 있다는 점을 알 수 있다.

그리고 미국은 '하나님의 선택을 받은 국가'이기에 미국이 외교적으로 강경한 정책을 펼치는 것은 당연하다고 보는 신보수주의가 1980년대 등장하기 시작하면서 사회적으로 문화적으로는 낙태와 동성결혼에 반대하고 학교에서는 기독교적 가치를 교육해야 한다고 강경한 입장을 취하고 있다.

그러나 현재 신보수주의를 주창하는 백인 주류 교단(Mainline Protestant)의 세력은 점점 줄어가고 있고 반대로 미국 남쪽 지방을 중심으로 인종 차별을 받아온 흑인 개신교 복음주의 인구가 늘어나기 시작하면서 점점 영향력을 발휘하기 시작하고 있다.

한편 정치적 성향과 종교적 성향이 일치하지 않는 기독교 신자들도 많은 비중을 차지하고 있다. 젊은 층에서 미국 사회의 세속화, 그리고 성소수자들의 존재 등을 우회적으로 수용하는 상태에까지 이르게 되었기 때문에 젊은 층은 종교적으로 기독교인이라 할지라도 오히려 종교적 이슈에 둔감하거나 다른 종교에 관심을 갖게 되는 경우가 늘어나는 추세이다. 실제 개신교인의 비율은 매년 1%가량 줄고 있으며 자신이 교인이라 답한 응답층에서도 교회 출석률은 37%대 머물고 있다.

미국의 개신교는 그동안 그들의 신앙 신조와 신학 문제로 많은 교파의 분열을 가져왔다. 구체적으로 장로교파 교단 중 Presbyterian Church (USA), 감리교파 교단 중 United Methodist Church, 루터교파 교단 중 Evangelical Lutheran Church in America, 침례교파 교단 중 American Baptist Churches USA, Southern Baptist

Convention, 성공회 교단 중 Episcopal Church, 조합교회 교단 중 United Church of Christ 등이 주류 교단으로 활동하고 있다.

침례교의 경우 미국침례회는 노예 문제로 남침례회와 북침례회로 갈라졌는데 그 후 북침례회는 1909년에 American Baptist Churches USA로 조직이 되었는데 교인은 5,000여개 교회에 약 130만의 성도를 가지고 있으며 남침례회는 1845년에 조직된 그대로 약 1,600만의 성도를 가지고 있으며 미국 개신교에서 가장 크고 정치세력이 강한 교단으로 알려져 있다. 흔히 남쪽 주들의 보수교단이 중심되어 조직된 Bible Belt의 대표 교단이다.

RCA(Reformed Church in America)는 PCUSA와 달리 네덜란드계 이민자들이 세운 교단에서 출발했기 때문에 '장로회'가 아닌 '개혁교회'란 명칭을 사용한다. 물론 네덜란드계라고 RCA처럼 중도진보적인 교단만 있는 것도 아니고, 강성보수적 개혁주의를 고수하는 교단도 여럿이 있다. 흑인 교단들은 원래는 백인 일색의 교단 협의회 구성에 반발하여 분리되었다. 신학뿐 아니라 예배 형태도 백인 교회와 아주 다른 모습을 보여주고 있다.

미국 교회의 대각성 운동

　미국 교회의 대각성 운동은 복음에 굶주린 교인들에 의해서 자발적으로 일어난 운동으로 18세기에 시작되었다. 이 대각성 운동은, 미국의 종교 생활에서 가장 큰 변혁 운동의 하나로 알려져 있다. 여러 단계를 거치면서 이 대각성 운동은 약 50여 년이나 지속되었다. 기존의 기독교 전파 방식이 효과를 보지 못하고, 합리주의와 문화적 혼란이 확산될 때 일어났다. 그래서 기독교의 삶에 큰 자극을 주었고, 신앙의 입문에 대한 개념에 일대 전환을 일으켰다.

　이런 점에서 대각성 운동은 독일의 경건주의와 영국의 복음주의적 각성과 유사하다. 교회에 들어오는 규범적 방법으로 회심을 강조했다. 죄인의 회심에서 그 회심을 향한 성령의 능력과 은혜의 작용이 직접적으로 역사한다고 믿었다. 그러므로 구원과 회심의 주체는 인간이 아니라 주권적으로 역사하시는 하나님이시라는 것이다. 하나님께서 성품을 변화시키지 않으시는 한, 인간은 하나님을 기쁘시게 하는 방향에서 행동하고 싶어 하지 않는다는 것이다.

그러나 이러한 대각성 운동은 회심과 체험을 강조하다 보니까 기독교 교육에 대한 관심이 적어졌다는 결점도 나타났다. 이 운동은 한마디로 회심을 통한 엄격한 도덕과 열정적인 경건이 그 특징이었다.

미국 대각성 운동의 선구자는 조나단 에드워즈이다. 본래 이 운동의 시작은 1720년대에, 뉴저지의 Raritan 계곡(Princeton 근방)에 있는 네덜란드 개혁교회에서 시작되었다. 형식주의적이고 무기력한 교회 생활에 대한 반성을 시작으로 보다 깊고 체험적인 신앙을 강조하였다. 이런 부흥은 장로교 안에 두 흐름을 만들었다. 1. 영국 청교도처럼 체험적 신앙에 관심을 가지게 되었고 2. 스코틀랜드 아일랜드 계통처럼 순수한 교리 정립에 치중하는 파가 생긴 것이다. 전자를 신파, 후자를 구파라고 한다.

대각성 운동의 선구자 :
조나단 에드워즈(Jonathan Edwards, 1703~1758)

에드워즈는 미국 역사상 유명한 설교가 중
의 한사람으로 정평이 나 있다. 그의 설교는
지성적이면서도 감성적으로 대중을 사로잡
았다. 에드워즈는 동시에 미국 기독교 역사
상 가장 독창적인 철학자요 신학자로도 널
리 인정되고 있다. 에드워즈는 아버지 디모
데 에드워즈와 어머니 에스더 스토다드 슬하

조나단 에드워즈

의 11명 중 다섯째로 태어났다. 미국 식민지 시대의 청교도 특히 회중교
회 목사이고, 칼뱅주의 신학자이며, 미국 원주민의 선교사였다.

에드워즈의 딸 에스더 에드워즈(Esther Edwards)의 아들이 미국 부통
령을 지낸 에런 버 주니어(Aaron Burr. Jr, 1756~1836)이며 에드워즈는 미
국 3대 부통령을 지낸 에런 버의 외할아버지였다. 에드워즈는 각종 분
야에 걸친 저술을 남겼으나, 주로 개혁주의 신학과 신학적 결정론의 이
론적 바탕, 청교도 전통에 관한 저작들로 이름이 알려져 있다. 1737년

에 발간된 《하나님의 영의 놀라운 일에 대한 이야기》(또는 《놀라운 부흥이야기》)는 요한 웨슬레에게 영감을 주기도 하였다.

그의 유명한 설교인 "진노하시는 하나님의 손안에 있는 죄인"은 미국 개신교도들에게 신앙을 일깨워 주는 신앙 지침서가 되었고 미국 대각성 운동의 기초가 되었다. 에드워즈는 신학자이며 설교가인 동시에 일반 미학과 건축 등에도 지대한 관심을 가졌다. 그의 이러한 배경 때문에 장로교 계통인 뉴저지 대학교(College of New Jersey, 지금의 프린스턴 대학교)는 그를 총장으로 선출해 1758년 1월에 부임하였다. 그러나 천연두 예방 인두법 시술의 부작용으로 3월 22일 사망하였다.

에드워즈의 교육은 가정에서 시작되었다. 어린 시절 부모님과 누나들에게서 교육받았으며 그의 천재성에 알맞게 겨우 13살 되던 해인 1716년에 예일 대학교에 입학했다. 그는 대학 시절 문학, 문법, 수사학, 논리학, 고대사, 대수, 기하, 형이상학, 윤리학, 자연과학 등을 배웠으며, 성경을 원어로 읽기 위해, 그리고 고대 그리스 문학과 철학서를 읽기 위해 고대의 그리스어와 히브리어를 공부하였다. 거기서 그는 철학과 자연, 역사에 관심을 기울였다. 그뿐 아니라 과학도 그가 좋아하는 주제 중 하나였다. 그러나 그 당시 과학은 자연신론(deism)으로 흐르는 경향을 가지고 있었는데 자연신론이 범신론이 이긴 하지만 에드워즈는 자연으로부터 하나님의 정교한 디자인과 아름다움을 깨달을 수 있다고 믿었다.

1720년 에드워즈는 수석으로 학사 학위를 취득하였으며, 졸업식에서는 고별사를 낭독했다. 대학 졸업 이후 에드워즈는 문학 석사 과정에서 신학을 더 공부하기 위해서 예일 대학교에 2년 동안 더 머물렀다. 또한 석사 과정 중에 《존재에 대하여(of Being)》의 집필을 시작했다. 그리고 그가 뉴잉글랜드 청교도식의 회심을 체험했을 때는 예일 대학교 석사 과정 2년차였던 1721년이었다.

에드워즈의 복음사역은 1727년 매사추세츠 노샘프턴에서 조부 솔로몬 스토다드의 보조 목회자로 안수를 받음으로 시작되었다. 1728년 솔로몬 스토다드 사망 후 단독 목회를 시작하였다. 1734~1735년 1차 부흥(밸리 계곡의 부흥)을 인도했고 1740~1742년 2차 부흥(the Second Great Awakening)도 일으켜 미국의 신앙 대각성 운동이 활발히 전개되었다.

에드워즈는 대각성 이후에 교회 안에서 구원 받지 못한 자를 가시적인 징표로 구분해 내고자 교회 회원의 자격을 강화시켰으나 당시 교인들은 솔로몬 스토다드나 찰스 촌시의 가르침대로, 가시적 교회와 비가시적 교회의 구분을 교리적으로 다룰 것이 아니라 사랑으로 접근해야 한다는 데 찬성하였다. 에드워즈는 교인 총회를 열어 이 문제를 해결하려고 했으나 투표 결과 230대 23으로 교회에서 출교 당하는 수치를 감수해야만 했다.

에드워즈는 사임 후 인디언 마을이 있는 스톡브릿지에서 선교사로 사역을 하면서 집필에 열중하게 되었다. 조나단은 저술에 상당히 공을 들여 1746년에 《신앙 감정론》, 1749년, 1754년 《의지의 자유》, 1754~1755년 《하나님의 천지창조 목적》, 《참된 덕의 본질》, 1756년 《기독교의 중대한 원죄 교리에 대한 변호》, 1758년 초 《원죄》가 연속으로 출판되었다.

에드워즈의 신학은 칼뱅의 개혁주의 신학에 많이 벗어나지는 않았다. 그러나 칼뱅주의에서 다루지 못했던 《의지의 자유》에 대한 논리는 칼뱅의 결정론에서 부족했던 것을 세밀하게 뒷받침해 주는 역할을 하였다. 에드워즈는 하나님의 완전한 언약신학을 철저히 옹호했다. 소위 아르미니안들이 주장하는 반쪽언약(Halfway Covenant) 즉 죄 문제에 있어서 하나님과 인간이 공동으로 책임을 져야 한다는 논리를 반대하였다. 인간이 천국에 갈 수 있는 자격과 권한은 위대한 신적 감화를 통해 단번에 엄청난 변화를 받음으로써 얻는 것이지 사람들이 자신의 노력을 행사함으로써 이루어진다고 생각하는 점진적 변화에 의한 것이 아니라고 강조했는데 이것이 바로 반쪽언약이 아니고 완전한 구원의 언약이라는 것이다.

에드워즈는 하나님의 창조의 목적에 대하여 특히 관심을 가지고 그 전에 유행했던 창조목적에 대한 개념을 넘어서 독창적인 논리를 펼쳤다. 16세기에서 18세기 기간 동안에 개혁주의 전통에서는 '창조의 목적'에 대해서 관심 있게 다룬 자가 그렇게 많지는 않았다. 오히려 로마 가톨릭 진영에서 다룬 문헌이 있을 정도였다. 에드워즈는 하나님이 만물을 창조한 것이 그분 본질 자체를 시공간에 투사(diffusion)하였다고 설명하였다. 그러나 에드워즈의 창조에 대한 논리는 범신론과 신비주의로 전환되는 시발점을 가져왔다고 평가를 받기도 했다.

에드워즈는 특히, 원죄 교리에 대한 접근에서 칼뱅주의의 전적타락 교리를 옹호하였고, 자유의지에 대하여도 인간의 타락한 상태를 변호하였다. 에드워즈의 가장 두드러진 신학의 대표작은 역시 《의지의 자유》이다. 에드워즈의 이 논리는 가장 교리적인 함축성을 갖고 있는 것으로 아르미니안주의에 대한 반박으로 칼뱅주의의 의지 교리를 연구한 역사적으로 많은 영향을 끼친 작품이었다. 특히, TULIP(칼뱅주의 5대 교리)을 이 논문의 마지막 결론으로 맺었는데 신학자들은 《의지의 자유》를 의지에 대한 칼뱅주의 신학의 대표작이라고 평하였다.

자유의지에 관한 신학은 에드워즈뿐 아니라 기독교 초기부터 매우 골치 아픈 주제였다. 자유의지에 대한 전통적인 문제 제기와 개괄적인 해결책 역시 주로 기독교 계통의 철학자들에게서 나왔으며, 이 주제를 다룬 주요한 신학자(및 철학자)로 아우구스티누스, 토마스 아퀴나스, 에라스무스, 장 칼뱅 등을 들 수 있다. 사실상 유명한 조직신학자는 다 한 번씩 다루었다고 보아도 무방하다.

칼뱅의 예정론을 떠나서 자유의지 문제를 다루는 대부분의 신학자들은 행위의 주체가 인간이므로 죄의 책임도 인간에게 있고, 따라서 자유의지를 부정하면 근간이 흔들리게 된다는 것이다.

초대교회 시대의 아우구스티누스에서 출발한 예정설은 때로는 편의상 결정론으로 분류되기도 한다. 그러나 결정론과는 다소 차이가 있다. 결정론에 따르면 인간의 운명이 미리 정해져 있으며, 인간은 그 운명에 항거할 수 없는 기계적이고 수동적인 존재이다. 그러나 예정설은 아주 결정적인 것이 아니라 장차 하나님의 주권 속에서 인간의 운명이 결정될 것이라는 논리라고 아우구스티누스는 설명하고 있다.

중세 스콜라 철학에서는 자유의지론에 무게를 실어서 좀 더 과격적인 해석을 주장하고 있다. 이 철학에 의하면 창조주라 하더라도 스스로 만든 법칙에서 이탈할 수 없다고 봤다. 그러나 이런 식의 스콜라적 보편주의 방법론은 근대 아우구스티누스학파(The Modern Augustinian School)에 의해 상당한 비판을 받았다. 이러한 논쟁은 교회 내에서 중요하게 다루어져왔다. 하지만 이러한 논의는 대체로 신은 인과관계나 물리법칙 같은 스스로 정한 제약에 구속받지 않을 뿐 아니라 신은 인간의 이성과 능력을 뛰어넘는 초월적인 존재이므로 인간에 의해서 제한을 받지 않는다고 주장한다.

아우구스티누스 이전의 기독교 교부 테르툴리아누스(Tertullianus)는 흔히 자유라는 의미의 Liberty(Freedom)와 자유의지라는 Free will과는 의미상 차이가 있다고 보고 있다. 그래서 기독교 관점에서 보는 인간의 자유의지는 인간이 아담에 의해서 타락된 죄인이므로 인간 스스로가 자신의 행동에 대해 책임을 질 수 있는 능력을 상실했으므로 자유의지는 소멸됐다는 것이다.

아우구스티누스가 살던 5세기에, 당시 지식인들은 로마법의 영향으로 "인간은 행동으로 평가받는다."라는 원칙에 익숙했다. 그러나 성서에 기반한 기독교 신학은 인간을 행위로 평가하지 않는다. 기독교는 실존적인 측면에서 인간을 바라본다. 인간은 이미 고통 받고 비참한 상태이다. 예외 없이 모든 인간이 마찬가지이다. 어떤 인간도 도덕적 행위를 완벽하게 해낼 수 없으며 자신의 행위로 인해 고통을 받는다. 이 때문에 자유의지는 있으나 무력하다고 본 것이다. 쉬운 예를 든다면 밥을 먹을 의지는 있으나 너무 배가 고파서 밥 차릴 기력이 없는 경우와 마찬가지라는 것이다.

기독교의 세계관에서 신은 전지전능하므로 시간이나 공간 같은 물리적 제약에 전혀 영향을 받지 않고, 과거 · 현재 · 미래의 모든 것을 알고 있다. 그리고 원인과 결과 법칙에서 자유롭다. 그러나 인간은 신과 같은 그런 존재가 아니라는 것이다. 자유 선택의 능력이 사라졌다는 것이다. 인간에게는 자유의지가 주어져 있다. 그러나 인간의 자유의지는 죄에 대하여 무력하다. 즉, 선과 악의 경계점에서 둘 중 하나를 선택할 자유가 주어지면 육신은 자유의지와 무관하게 악으로 향할 수밖에 없다는 뜻이다. 인간은 태어나면서 옳고 그름을 어느 정도는 구분할 수 있는 양심은 타고 나지만 죄를 짓고 싶은 욕망이 더 강하기에 죄를 지을 수밖에 없다.

이 때문에 욕망에 따라 죄를 짓는 동시에 양심의 고통을 받는다. 마치 알콜중독자나 마약중독자들처럼 후회하고 후회하면서 계속하여 중독에서 벗어날 수 없는 처지와 같다. 이처럼 인간의 자유의지는 무력하기에 자신의 행동에 대한 책임을 질 수 없고, 결국엔 죄로 손상된 자유의지를 회복하는 건 타력(신의 도움)으로만 가능하다.

로마서 7장 22—23절은 "속사람으로는 하나님의 법을 즐거워하되, 내 지체 속에서 한 다른 법이 내 마음의 법과 싸워 내 지체 속에 있는 죄의 법으로 나를 사로잡는 것을 보는도다."라고 지적하고 인간이 죄를 지을 가능성을 표현하고 있다. 다시 말해, 죄로 타락한 상태에 있는 인간은 엄청난 죄의 무게에 깔려서 인간의 자유의지로 하나님을 기쁘게 해드릴 수 있는 방법이 없다는 것이다. 그러나 회개로 마음을 청결하게 하고, 예수 그리스도를 굳건하게 믿으며, 부지런히 하나님과 늘 가까운 관계를 유지하는 사람에게는 죄가 아닌 행동에 대한 자유의지가 회복되며, 죄의 유혹에 대해서는 하나님을 의지하여 죄를 이기는 것을 선택하는 것과 죄를 선택하는 것의 두 가지 선택지가 주어진다고 본다.

요약하자면, 인간은 자유의지가 있기에 결과에 대한 책임을 느낄 수가 있다. 그러나 인간은 행동에 대한 책임을 지기엔 무력한 존재이다. 이를 회복하는 건 인간 자력으론 불가능하다. 신의 구원이 필수적이다. 그렇다고 모든 인간이 구원을 받는 것은 아니다. 성경에서 표현된 인간관으론 세상엔 선함을 쫓기보다 악을 행하고 싶어 하는 사람이 많고, 또한 이들은 완전해질 수 있는 신의 도움을 자유의지로 거부하기에 필연적으로 신의 은혜를 받는 사람은 적다.

이처럼 예정설은 기독교 교리인 인간론과 구원론을 설명하기 위한 도구이다. 예정설 논란은 기독교 내부의 오래된 신학적 논쟁으로 아우구스티누스 시절 이래 지금까지 계속되어 오고 있으나 가톨릭과 정교회선 칼뱅식 예정설에 부정적이며, 개신교 내부에서도 500년간 중요한 신학적 논쟁으로 계속되어 왔다. 역사 상 아우구스티누스—펠라기우스 논쟁, 마르틴 루터—에라스무스 논쟁, 칼뱅주의—아르미니우스주의 논쟁 등이 있는데, 전자가 자유의지는 있으나 무력하다는 것에 비해 후자는 인간의 자유의지를 통해서 구원의 선택이 가능할 수 있다는 것이다. 어떤 이유에서건 결정론과 자유의지는 밀접한 관계이다. 왜냐하면 모든 것이 결정되어 있다면, 우리는 '달리 행위 할 여지'가 없기 때문이며, 이는 자유의지의 해석에 따라선 우리의 행동이 자유롭지 못하다는 것을 의미할 수도 있기 때문이다.

나아가 강한 결정론자는 우리가 자유롭게 선택을 내리고 느끼는 것역시 이미 결정된 것이기에 자유의지의 존재를 입증하지 못한다고 논한다. 이를테면 "나는 짜장면을 먹을지, 아니면 짬뽕을 먹을지 선택할자유가 있다."고 생각할 수 있겠지만, 둘 중 어느 것을 선택하는지는여러 과학적 원인들, 이를테면 타고난 입맛, 중국집에 대한 평가, 방금전에 먹은 음식 등 여러 욕구 및 기억들에 의해 결정된 것에 지날 뿐이라는 것이다.

에드워즈의 《의지의 자유》

《의지의 자유》는 아르미니안주의를 반박하기 위한 에드워즈의 포괄적 시도이다. 아르미니안주의란 용어는 칼뱅주의를 반대하는 많은 교리들을 의미하기 위해 종종 아주 광범위하게 사용되었기 때문에 에드워즈의 공격의 직접적 목표인 아르미니우스가 제시한 논제들을 살펴볼 필요가 있다. 아르미니안주의가 주장하는 내용 중에 가장 중요한 것은 하나님의 주권과 인간의 자유가 양립이 가능하다는 것이며, 그리스도의 죽음은 모든 죄인들을 위한 보편적 속죄를 확고했으므로 단지 택한 자들만 위한 것이 아니라는 것이고 중생된 인간은 옳은 것을 자유로이 선택할 수 있다는 것이었다. 에드워즈가 볼 때, 그러한 가르침들은 잘못된 것으로 당시 유행하고 있던 '유행성' 신학체계를 반영하는 것으로서 어떤 대가를 치르더라도 물리쳐야만 하는 것이었다.

에드워즈에 의하면, 의지의 자유는 없다. 즉, 의지 스스로의 자유―자결적 의지의 자유는 없다. 의지는 본성에 속해 있다. 따라서 본성에 따라 의지는 선택을 한다. 그리고 자유의 소속은 의지가 아니라, 인간이다. 인간의 본성에 의지가 속해 있으나, 의지는 그 본성 안에서 자유롭게 선택하는 것이다. 따라서 인간의 본성은 자유롭게 어떤 것을 의지적으로 선택할 수 있다. 그러나 유감스럽게도 본성이 타락했기 때문에 하나님의 뜻을 선택할 수 없다. 자연적 능력은 있으나 도덕적으로 무능력한 것이다. 아르미니안주의자들은, 인간에게 회개하고 하나님께 돌아갈 능력이 없다면, 죄에 머무는 것에 대해 하나님께서 처벌할 수 없다고 했다. 즉, 인간이 할 수 없는 것을 하나님께서 요구하실 수 없다고 주장했다. 인간에게는 의지의 자유가 있다고 주장한다. 그의 의지로서 회개하고 하나님께 돌아갈 수 있다는 말이다.

아르미니안주의자들이 주장하는 의지의 자유는 '자결적 의지의 자유'와 '우연성'이라는 핵심적인 개념이 내포되어 있다. 즉, 의지는 스스로 자유롭게 선택할 능력이 있으며, 인간의 존재는 필연적으로 결정된 것이 아니라, 어떻게 선택하느냐에 따라, 좀 더 포괄적으로 말하면 우연적으로 변할 수 있다는 것이다.

이에 대해 에드워즈는 자결적 의지의 자유는 모순된다고 한다. 의지는 본성에 따라 움직이기 때문이다. 본성이 원하는 대로 의지가 발현된다. 따라서 본성이 자유로우면 의지는 그 자유 가운데서 본성의 뜻에 순종한다. 인간의 본성이 하나님처럼 도덕적 행위자로서 행할 수 있다면, 인간의 본성에서 자유롭게 발현되는 의지는 그에 순종해서 도덕적 행위를 할 수 있다. 따라서 의지에 자유가 있는 것이 아니라, 본성에 자유가 있는 것이다. 그러나 앞서 언급했듯이 인간의 본성은 타락했기에 타락한 상태를 의지적으로 선택할 수 있다. 그러므로 하나님과 같은 도덕적 행위로서의 본성은 인간에게 존재하지 않는다.

결국, 인간의 타락한 본성으로 인해, 인간은 자유롭지 못한 것이다. 오직, 하나님만이 자유로우시며, 성화된 인간은 하나님 안에서 자유로운 것이다. 물론, 이때도 의지가 자유로운 것이 아니라, 하나님 안에서 성화된 인격이 자유로운 것이다.

그러면 자유는 어디에 있는가? 의지에 있는 것이 아니다. 인간에게 있다. 정확히 말하면 인간의 본성에 있다. 왜냐하면 의지는 인간의 본성의 하나의 산물이기 때문이다. 인간 본성의 지정의 가운데 하나일 뿐이다. 즉, 의지는 인간의 본성에 종속되어 있다. 아무리 발버둥 쳐도 의지로부터 독립하지 못한다. 따라서 자유는 의지에 있는 것이 아니라, 인간의 본성에 있다.

그런데 인간의 본성이 자유한가? 죄를 지음으로 자유하지 못하다. 선악은 알지만 행할 능력이 없다. 도덕적으로 완전 무능하다. 따라서 우리가 자유하려면 외부로부터 자유를 공급받아야 한다. 이 세상에서 최고로 자유하는 분은 누구인가? 자유의 소유주는 누구인가? 하나님이다. 따라서 하나님 안에 있을 때 우리는 자유하게 된다. 진리가 우리를 자유케 하는 것이다.

자신의 토론을 첨예하게 하기 위해 에드워즈는 작곡 및 작사가로 유명한 아이작 와츠의 견해를 공격했다. 그는 성격상 아주 다르지만 일반적으로 반칼뱅주의 교리들의 지지자로 인정된 사람이었다. 와츠는 그리스도인으로 교회에도 다녔으나 스스로를 자연신론자로 공언하고 다니면서 삼위일체를 비판하고 자유의지에 대한 신념을 견지했다. 그 점이 조나단의 공격의 목표였다.

아이작 와츠는 에드워즈의 전통으로부터 이탈한 자로서 그가 쓴 유명한 찬송시들로 가장 잘 알려진 인물이었다. 그러나 동시에 그는 몇

편의 신학서들의 저자이기도 했다. 에드워즈는 와츠의 이름을 전혀 언급하지 않고 단지 "하나님과 피조물 안에 있는 의지의 자유에 관한 논문들의 저자"라고 지칭한다. 에드워즈는 '계몽된' 신학자들과 자연신론자들을 공격하면서 이 우주가 질서정연하다고 주장했다. "우연이나 자기 결정의 자유는 이 세계로부터 추방되어야 한다. 그렇지 않으면 하나님이 쫓겨나게 될 것이다." 인간은 자기가 기뻐하는 것을 선택한다. 의지는 가장 강한 동기에 의해 결정된다.

이것이 우리의 행위와 본성 간의 관련이다. 그러나 인간의 선택과 인간 본성의 이러한 고리는 불가피하게 숙명론을 포함한다. 왜냐하면 인간의 본성은 부패하고 죄로 인해 타락했기 때문이다. 이 글의 근본적 논지와 관련해서 재미있는 것은 에드워즈는 '의지'의 자유를 고려하는 것은 잘못 제기된 이슈라고 말하는 점이다. 왜냐하면 본질적 질문은 인간 혹은 전체로서의 자아의 자유에 관한 것이기 때문이다. 그럼에도 불구하고, 에드워즈는 강조점을 바꾸었다. 이유는 아르미니안주의의 입장이 의지의 자유에 초점을 맞춤으로써 자신의 목적에 아주 잘 맞지 않기 때문이다.

에드워즈는 이 《의지의 자유》라는 책을 쓴 가장 큰 목적은 인간의 책임이라는 성경적 가르침을 인정하면서 동시에 인간이 자신의 의지를 결정할 능력을 가진다는 아르미니안 교리를 어떻게 부정할 수 있는가를 보여주는 것이었다. 다시 말하면, 자기 의지의 결정 능력이 없는 인간이 자신의 행위에 대해 책임을 져야 할 이유를 입증하는 것이 이 책의 일차적 의도였다. 만일 정통 교리가 가르치는 대로, 회개하고 하나님께로 돌아갈 능력이 인간에게 없다면, 왜 그가 죄에 머무는 것에 대해 책임을 져야 하는가? 만일 인간의 전적 무능력이 진리라면, 인간은 더 이상 자유로운 행위자가 아니며 강제에 의해 행동한다는 말이 아닌가라고 아르미니안주의자들은 반박했던 것이다.

그러나 이에 대해 에드워즈는 인간은 정신, 의지 등 모든 자연적 능력을 소유하고 있기 때문에 자유로우며 그 때문에 책임이 있다고 대답한다. 인간이 영적 선을 행하기에 전적 무능력한 이유는 물리적 능력의 결여 때문이 아니라 그러한 능력들의 그릇된 도덕적 성향 때문이라는 것이었다.

이런 식으로, 에드워즈는 인간이 전적으로 부패한 본성을 가지고 있음에도 불구하고 여전히 책임 있고 자유로운 행위자라는 사실을 증명한다. 의지는 항상 인간의 도덕적 본성의 명령에 의해 행동한다. "의지는 모든 경우에 있어 도덕적 필연성에 의해 움직인다. 인간이 현재의 성향에 반하는 선택을 하는 것은 도덕적으로 불가능하다." 그러므로 인간의 선택은 그의 타락한 본성에 의해 결정된다. 인간은 강요당하지 않고 자유롭게 자신의 경향들을 추구한다. 그러나 그 경향들에 반하는 선택을 하는 것은 자유롭지 않다.

《의지의 자유》는 의지의 본질과 결정, 필연성, 자연적 필연성과 도덕적 필연성의 구분, 능력, 불가능, 우연의 의미, 도덕적 행위자와 자유의 본질을 다룬다. 의지를 정의하면서 에드워즈는 의지를 몰아가는 어떤 것이 있다고 주장한다. 무엇이 의지를 결정하는가? 그것은 동기가 의지를 결정한다는 것이다. 아마도 이 동기는 우리 본성의 주된 본질일 것이다. 에드워즈는 그것을 단순히 본성이라고 부른다.

위의 생각들을 에드워즈는 그가 '도덕적 무능'이라 부르는 것과 연관시킨다. 이 도덕적 무능, 혹은 바울이 죄의 본성이라고 부르는 것이 의지를 지배한다. 이러한 의미에서 의지는 그것의 숙명에 따라 행동한다. 그것은 그 아래 깔려 있는 본성에 따라 선택하고 행동한다. 이러한 의미에서 의지는 자유하다. 우리는 어떤 것을 의지하고 많은 일들을 할 자연적 능력이 있다. 그러나 죄 때문에 우리는 도덕적 무능한데 이 도덕적 무능이 의지를 지배한다.

에드워즈는 자유에 관해서 논할 때 인간의 자유냐 아니면 의지의 자유냐 하는 것이다. 자유는 사람에게 속한 것이지 의지에 속한 것이 아니라는 것이다. 에드워즈는 자유에 관해서 아르미니안주의에 대하여 질의하고 있다. 말하자면 도대체 자기 결정의 자유라는 것이 있는지, 혹은 있을 수 있는지에 관한 사색이다. 자기 결정의 자유야말로 아르미니안주의자들이 필수적인 것이라 간주하는 요소를 말하는데 잘못된 생각이라는 것이다.

아르미니안적 자유의 개념은 자기 결정력과 우연성을 동반한다고 에드워즈는 지적한다. 에드워즈가 말하는 자기 결정력이란 "의지가 자신의 행위에 대해 가지는 어떤 주권"이라고 말하고 있다. 우연성이란 의지와 대치되는 것으로 오히려 필연성이 의지의 자유에 더 가깝다고 본다. 에드워즈는 만일 자유가 선택에 속한다면 의지와 상관이 없고 또한 일시적인 것에 불과하다. 인간이 가장 자유로운 것은 언제인가? 그것은 인간이 하늘나라에서 영화로운 상태에 있게 될 때라고 그는 대답한다. "성화된 성도는 어떤 면으로든 자신의 자유가 조금도 감소되지 않는다." 그는 또 가장 큰 자유를 소유한 존재가 누구인가라고 묻고서 그것은 '하나님'이라고 대답한다.

자유는 우연성이라는 의미의 선택과는 무관하다. 오히려, 자유는 그의 본성에 따라 행동하는 것과 관련된다. 에드워즈는 하나님을 도덕적 행위자로 봄으로써 이것을 예증한다. 그는 하나님을 도덕적 행위자의 최고 모범으로 본다. 이 과정에서 그는 필연성을 우연성과 대조시킨다. 우연성은 선택을 포함하나 필연성은 그렇지 않다. 결과적으로, 도덕적 행위자는 우연성에 근거하지 않는다.

그리고 "만일 모든 일이 하나님의 주권 속에서 이루어지지 않고 인간의 선택된 자유의지에 의해서 행해진다면 그것은 필연성에서 나온 것이 아니라 우연성에서 나온 것이라 볼 수 있다."고 에드워즈는 강하게 아르미니안주의자들을 비판하고 있다. 에드워즈는 자유의지에 대한 아르미니안적 인식에 대해 최종 답변을 제시하면서 하나님의 뜻이 모든 것을 결정한다고 강조한다. 마지막으로, 그는 하나님의 주권적 의지가 그분 자신의 무한한 지혜에 의해 결정된다고 주장한다. 하나님은 모든 것이 합력하여 선을 이루게 하신다. 계속해서, 에드워즈는 일련의 반대 의견들을 검토하면서 거기에 답변을 제시하고 칼뱅주의 입장이 성경적이고 이상적이며 일관성 있는 것임을 보여준다. 논문의 말미에서 그는 의지에 관한 우리의 입장이 내포하는 의미를 요약하는 간단한 결론을 제시한다.

에드워즈의 《의지의 자유》는 길고 정교하며 읽기 힘든 책이지만 에드워즈가 결론 부분에서 자신의 중심적인 주장을 요약한 것은 아주 큰 도움이 된다. "칼뱅주의자와 아르미니안주의자들 사이의 논쟁에 있어 대부분의 쟁점들의 결론은 아르미니안주의자들의 오류가 모두 하나님의 주권을 거부하는 데서 비롯된다."고 보았기 때문이다. 아르미니안주의자들은 하나님의 의지와 별도로 인간의 자유의지에 의해서 모든 일이 결정될 수 있다는 논리에 전적으로 반박하고 있다. 모든 아르미니안주의적 주장은 자결적 의지의 교리에 의존하고 있었다. 그리하여 에드워즈는 이 자유의 개념을 파괴하면 일거에 아르미니안주의를 무너뜨릴 수 있다고 믿었다.

에드워즈는 예일 대학교 재학 시에는 존 로크의 영향을 많이 받았다. 로크의 《인간 지성론》으로부터 가장 영향을 많이 받았다. 에드워즈의 글에는 영적인 감각이 아름다움에 대한 감각과 유사하다고 설명하였다. 이것이 《신앙감정론》에 설명되어 있다. 하지만 에드워즈는 주로 중생한 자와 중생하지 않은 자에 대한 구분으로 참된 영적인 감각을 정의했다.

에드워즈의 경력은 화려하다. 에드워즈는 예일 대학교 동문을 비롯하여 프린스턴 대학총장, 예일 대학교수, 영국 및 미국의 개신교 신학자, 철학자, 미국의 저술가, 잉글랜드계 미국인, 미국의 정치철학자, 미국의 기독교사회학자, 미국의 복음주의 자등 가장 다채롭고 다양한 경력을 가지고 있으며 그의 성격의 강직함으로 인해 추종자도 많았지만 그를 싫어하는 사람도 많았다. 에드워즈 이후 미국의 신학은 세 그룹으로 나누어진다. 첫째는 칼뱅주의자들, 둘째는 아르미니안 신학자들, 셋째는 뉴디비니티(New Divinity)이다. 이 New Divinity 운동은 하나님의 주권 하에 모든 것을 긍정적으로 보며 악으로부터 떠나 선한 길로 인도하시는 하나님께 순종하는 삶을 살아야 한다는 것이다.

일반적으로 에드워즈 중심의 미국 대각성 운동은 상당한 긍정적인 평가를 받았다. 그의 대각성 운동은 의식적이고 감격적이며 정서적 회심의 필요성을 강조하고 대중집회를 통한 부흥 운동, 회개와 각성 운동 등으로 전국 교회에 영향을 준 것은 특기할 만하다.

끝으로 에드워즈에 대한 평가는 긍정적 평가와 부정적 평가로 나뉜다. 긍정적 평가에 의하면 프린스턴 신학대학의 찰스 핫지는 에드워즈의 원죄론에 대해 경의를 표할 정도로 찬사했다. 신학자 벤저민 워필드는 에드워즈의 완벽함에 대해서 "표준적 칼뱅주의자"라고 평가했다. 그 외 에도 그에 대한 긍정적 평가는 아래와 같다. 참으로 어리석게도 청교도들을 알프스에 비유하고 루터나 칼뱅을 히말라야에 비유한다면, 조나단 에드워즈는 에베레스트 산에 비유하고 싶은 시험을 받곤 한다.

에드워즈의 성경에 대한 태도와 해석의 모습을 살피면서, 그의 성경 해석에 대한 기교적인 모습보다는, 하나님 말씀 앞에 진솔하고 정직하게 서려 했던 '성경의 사람'의 모습을 발견하게 된다. 그는 죽었지만 내게는 그가 성경 밖에서 가장 중요한 스승이다. 성경 밖의 인물 중 조나단 에드워즈만큼 하나님에 대한 비전과 그리스도인 삶을 형성시킨 사람은 아무도 없다.

부정적 평가에 의하면 신학자 아치발드 알렉산더는 에드워즈의 감정 체험에 대해 반감을 표시했다. 또한 에드워즈의 인간의 참된 미덕 논리에 대해서도 인간의 행복에 대한 실용적인 해석이라고 비판하였다. 찰스 핫지도 에드워즈의 근본적인 문제는 형이상학에 지나치게 의존한 것이라며 오직 성경에만 의존해야 한다고 주장하였다. 또한, 핫지는 에드워즈의 원죄 교리와 연속적인 창조에 대하여 비판하였는데, 연속적인 창조(제2창조)는 하나님의 주권에 속한 것이지 인간이 참여해서는 안 된다는 것이다. 철학자 리처드 멀러는 에드워즈의 《의지의 자유》에 대하여 개혁주의 전통에서 유래한 것이 아닌, 토머스 홉스의 결정론에서 나왔다고 주장한다.

에드워즈에 의해 불같이 일어났던 미국의 대각성 운동은 Moody, Billy Sunday 그리고 Billy Graham으로 이어지는데 그들의 주목적은 칼뱅주의나 아르미니안주의처럼 어떤 구원의 교리에 관심이 없고 단지 회개를 통해서 하나님으로부터 용서함을 받고 구원에 이르게되는 단순한 복음의 진리를 전하자는 것이다. 소위 말해서 복음주의

(Evangelicalism)의 한 독특한 형태를 만든 것인데 그 특징은 반드시 하나님과 대중 앞에 공적으로 자기의 죄를 회개해야 하나님께서 그들의 죄를 용서하신다는 것이다. 이 방법은 후에 주로 침례교에서, 특히 남침례교에서 따르고 있다.

청교도 신앙의 전도자 :
D. L. 무디(Dwight Lyman Moody, 1837~1899)

    Dwight Lyman Moody는 미국 매사추세츠 주의 노드필드(Northfield)에서 가난한 석공인 아버지 에드윈(Edwin Moody)과 어머니 벤시(Betsy Holton) 사이의 아홉 자녀 중 여섯 번째로 태어났다. 이 가문은 오래 전 영국에서 청교도 신앙을 가지고 미국으로 온 가문이었으나 가난을 벗어나지 못했다. 무디가 네 살 때 부친이 세상을 떠나고 어머니 슬하에서 성장하면서 초등학교도 졸업하지 못한 채 돈을 벌어야 하는 청소년기를 보내게 되었다. 학력의 결핍이 평생 그의 괴로움이 되었으나 믿음으로 극복해냈다.

    17살 때는 외삼촌이 경영하는 보스턴의 구두점에서 점원으로 일하게 되면서 누구보다 열심히 일하여 돈을 모으는데 최선을 다했다. 교회를 다녔지만 열정이 없었을 때 그가 만난 사람이 에드워드 킴볼(Edward Kimball)이었다. 무디를 만난 에드워드 킴볼(Edward Kimball)의 깊은 영적 대화와 열정은 대단했다. 1855년 4월 21일, 무디가 보스턴에 있는 교회에 나간 지 1년이 지난 때 그의 목장 리더였던 에드워드 킴볼(Edward

Kimball)이 그를 찾아왔다. 무디의 영혼을 걱정하던 그는 직접 구둣방으로 찾아와 깊은 영혼의 대화를 나누게 되었다.

그날의 대화가 무디의 마음속에 있던 장벽을 무너뜨렸다. 아버지의 죽음, 학력에 대한 열등감, 가난에 대한 보상 심리, 신분 상승 욕구 등의 깊은 마음 속 고민이 있었다. 사실은 결국 하나님의 사랑에 대한 의심이었으나 사랑이 없이 예수님이 죽으셨겠냐는 말씀에 깊은 감격과 도전을 받게 되었다. 킴볼의 열정과 사랑이 무디를 믿음의 인물을 만들어내었고 무디는 그날의 대화와 영적 체험을 평생 잊지 못하고 그날을 생일로 정했다. 그는 구원의 감격에 너무 기쁜 나머지 어머니께 편지를 썼다.

"어머니, 기뻐해 주세요. 1837년 2월 5일은 제가 어머니의 아들로 태어난 생일이지요? 18년이 지난 오늘 4월 21일은 성령으로 제 영혼이 거듭난 생일입니다. 세상 모든 것이 새로워졌습니다!"

구둣방 점원이 신앙의 큰 인물이 될 줄 킴볼도 몰랐을 것이다. 깊은 영혼 사랑의 대화가 사람을 변화시켰다. 그 후 무디는 시카고로 옮겨 역시 구둣방에서 점원으로 일하게 되는데 이제는 경험이 쌓여 꽤 많은 보수를 받게 되었지만 그의 마음속에는 복음을 향한 열정이 더 크게 작용했다. 그래서 그는 교회 어린이 학교 선생으로 자원했는데 학생이 없어 반을 맡을 수 없자 전도를 시작하며 부랑아들을 모아 반을 만들었는데 놀랍게도 몇 년 만에 13명의 부랑아들이 나중 1,000여 명으로 발전할 만큼 엄청난 양적 성장을 이루었다.

무디가 마음 깊이 감동을 받은 사건이 있었다. 같은 동료 주일학교 선생 한 분이 당시 불치병이었던 폐병으로 고향에 내려가기 전 그가 가르치는 학생 가정을 찾아가 전도하여 그 가정 전체를 구원하는 것을 본 것이다. 무디도 그 선생처럼 하나님을 섬겨야겠다고 결심하고 그때부터 장사보다 전도에 헌신하게 되었다. 그는 따로 신학을 공부하지는 않았으나 교회에서 어린이들을 가르치며 개인적으로 열심히 신학을 연구하고 성경을 누구보다 깊이 연구한 것이 평생의 신학적 자산이 되었다. 그리고 그것이 교인들로부터 인정을 받게 되었다. 그때부터 그는 마음에 일생의 큰 결심을 하게 되었는데 개인 전도 및 일생 몇백만 명을 전도하고자 하는, 실로 대단한 결심이었다. "하루에 한 사람에게라도 복음을 전하지 않으면 잠들지 않겠다!"

무디의 개인 전도의 열정은 수많은 간증이 뒤따랐다. 나중에 미국 대통령이 된 윌슨은 우연히 들린 이발소에서 이발사를 열심으로 전도하던 무디의 모습에 강한 인상을 받았다고 전한 바 있다. 무디의 열정적인 전도에 극심한 거부반응을 보이고 떠난 사람이 나중 다시 무디에게 찾아와 예수님을 믿겠다고 한 경우가 아주 많았다. 그리고 그는 개인 전도를 넘어 대중 전도에 눈을 뜨게 되었다.

1860년 무디는 엠마 샬로테 레벨(Emma Charlotte Revell)과 결혼하여 화목한 가정생활을 하면서 주일학교에 더욱 열심히 할 수 있었고 부인은 이러한 남편을 따뜻하게 이해하고 감싸 주었다. 1861년 남북전쟁이 일어나자, 링컨의 노예 폐지론을 지지하며 전쟁터로 달려간 무디는 군인 교회에서 1,500여 차례 집회를 가졌고, 매번 집회를 연병장에서 가져야 될 정도로 그의 집회에는 많은 군인들이 모여들었다. 그렇게 무디는 남북전쟁에 종군하여 군인들의 위로자가 되고 복음을 전하였다.

그 후 무디는 1863년 시카고 빈민가에 교회를 설립했는데 그는 학력이 부족했으나 오직 열정으로 교회를 세우고 오직 복음만을 전했는데 놀라운 부흥의 역사가 일어나게 되었다. 학력의 열등감을 복음의 열정으로 극복하고 듣는 모든 이들에게 감동을 주었다. 오직 예수님께 사로잡힌 생애가 주는 진실성이 주는 감동이었다.

무디는 자기 영성 개발을 위해 평생 최선을 다하여 배웠다. 1867년 무디는 영국을 최초로 방문하게 되었는데 그곳에서 하나님은 무디에게 필요한 것을 채워 주시기 위해 기도의 사람, 고아의 아버지 죠지 뮬러(G. Muller, 1805~1898), 찰스 스펄전(C. H. Spurgeon, 1834~1892), 헨리 발리 목사(Henry Varley, 1835~1912) 등에게 감화를 받았다. 특히 당시 위대한 설교가인 찰스 스펄전에게 깊은 감동을 받았는데 오늘까지도 그의 설교를 연구할 만큼 스펄전은 위대한 설교가였기에 무디도 크게 도전과 영향을 받고 자신도 끊임없이 개발하며 그 열정을 소유하기를 원했다.

'기도의 사람' 죠지 뮬러는 이렇게 무디에게 말했다. "무디가 하나님을 위해 무엇을 했는가가 중요한 일이 아니라 하나님께서 무디를 통해서 무엇을 하셨는가가 중요하다." 무디의 이름이 중요한 것이 아니라 하나님의 도구임을 잊지 말라는 것이었다. 헨리 발리 목사는 이렇게 말했다. "재주가 뛰어나고, 남다른 대단한 능력을 소유한 그리스도인들이 많지만 하나님께 절대적으로 복종하지 못하기에 큰 열매를 맺지 못한다. 하나님께서는 능력이 부족해도 하나님께 완전히, 전적으로 헌신한 사람을 통해서 일하신다!"

1868년, 무디 목사의 교회에 부흥강사로 초청된 헨리 무어하우스 목사(Henry Moorhouse, 1840~1880)는 교회에서 6일 동안 오직 요한복음 3장 16절 한 구절로 설교를 하면서 "하나님이 세상을 이처럼 사랑하신 그 은혜만을 제대로 전할 수만 있다면 나는 세상 어떤 것도 바라지 않습니다."라는 말씀에 무디는 깊은 도전을 받게 된다.

그에게도 큰 시험이 다가왔는데 바로 1871년 시카고에 화재가 나서 그가 목회하던 교회당이 불탔던 사건이었다. 마음에 크게 고통을 느끼며 뜨겁게 기도하던 그는 이때 위로해 주시고 다시 용기를 주시는 성령님의 감화를 얻어 온전히 극복하게 되었고 그는 그 경험을 두 번째 성령 체험이라고 불렀다.

"나를 거듭나게 하신 후, 16년 만에 성령께서 다시 임재하셔서 나를 충만하게 하셨다. 그 후로는 성령께서는 절대로 나를 떠나지 않으셨다."

무디 목사님에 대한 여러 가지 일화가 있으나 그중에 한 가지를 소개하면 다음과 같다. 무디가 시카고에서 부흥집회를 인도하였는데 한 젊은 신학도가 와서 무디 목사님에게 아주 많은 은혜를 받았다고 하면서도 무디 목사님의 설교에서 문법이 틀린 것과 사투리가 너무 많아 고치시면 도움이 될 것이라고 했을 때 무디 목사님은 웃으면서 그 청년에게 "당신은 올바른 문법을 가지고 설교하면서 몇 명이나 회개시켰나?"고 물었을 때 그 청년은 부끄러워서 말을 못하고 집으로 돌아갔다고 한다.

무디가 특별히 대중집회에 강점을 가진 것은 아이라 생키(Ira David Sankey, 1840~1908)와의 만남이었다. 지금의 부흥회 찬양집회의 원조였다. 그는 작곡도 잘했고 뛰어난 찬양사역자였다. 아이라 생키(Ira David Sankey)가 작곡한 찬송가는 일생 천여 편인데 한국 찬송가에 8곡이 있다. 214장 〈나 주의 도움 받고자〉, 290장 〈우리는 주님을 늘 배반하나〉, 297장 〈양 아흔아홉 마리는〉, 353장 〈십자가 군병 되어서〉, 357장 〈주 믿는 사람 일어나〉, 419장 〈주 날개 밑 내가 평안히 쉬네〉, 487장 〈어두움 후에 빛이 오며〉, 543장 〈어려운 일 당할 때〉 등이다.

한국 찬송가를 찾아보면 찬송가 407장 〈구주와 함께 나 죽었으니〉은 1893년 무디라는 이름이 작곡자로 나타나는데 이분은 무디의 며느리 메이 무디(May Whittle Moody, 1870~1963)로서 작사한 다니엘 W. 휘틀(Daniel Webster Whittle, 1840~1901) 목사님의 딸이었다.

무디가 세 번째 영국 집회를 가진 1873년부터 1875년까지의 3년간 285차의 집회에 연인원은 259만 명이었다. 이 부흥 역사는 런던뿐 아니라 세계적 놀라움이 되었다.

1886년 여름에 25일 동안 251명의 학생들이 헤르몬 산(Mount Herm on)에서 모임을 갖고 유명한 부흥사인 무디와 함께 이야기하며 연구할 수 있는 기회를 가졌다. 이 모임에서 그들 중에 21명이 해외 선교사가 되기를 결심했다.

평양 신학교를 세운 마포삼열 박사는 무디에게 영향 받고 조선 선교를 하게 되었다고 한다. 초창기 한국 선교에 큰 공헌을 한 마포삼열 박사는 자신이 한국에 선교하러 오게 된 계기가 바로 무디의 집회에 참석했던 깃이었다고 말한다. 그리고 무디는 조선으로 파송되는 선교사들을 진심으로 격려했다. 무디에게는 전 세계를 향한 복음의 열정이 있었다. 그는 1899년 12월 22일 세상에서의 생을 마치고 하나님께로 돌아갔다. 하나님께 돌아가기 전 무디는 이런 말을 남겼다.

> "여러분은 어느 날 무디가 죽었다는 것을 신문에서 보게 될 것입니다. 그러나 여러분은 그 말을 하나도 믿지 마십시오. 그 순간 나는 지금보다 더욱 더 생생한 모습으로 살아 있을 것이기 때문입니다."

무디 목사님은 우리의 마음속에, 그리고 하나님의 품에서 영원히 살아 있다. 하루에 한 사람이라도 전도하지 못하면 잠을 잘 수가 없다는 무디의 말은 오늘도 살아서 움직인다.

야구선수 부흥사 :
빌리 선데이(Billy Ashley Sunday, 1862~1935)

빌리 선데이는 독일의 이민자의 아들로서 미국 아이오와주 에임스에서 태어났다. 펜실베니아주 챔버스버그에 살았을 때 이름을 선데이(Sunday)로 이름을 지었다. 그러나 그가 태어난 지 5주 만에 아버지는 질병으로 죽는다. 어머니는 재혼하지만 양아버지는 가정을 돌보지 않았다. 빌리가 10살이 되었을 때, 어머니는 가정 형편이 어려워지자 빌리와 형을 고아원(Soldiers' Orphans' Home in Glenwood, Iowa)에 보낸다. 빌리는 고아원에서 자라면서 규칙적인 생활을 하며, 기초 교육을 받게 된다. 그리고 그는 자신이 운동을 잘 한다는 사실을 발견하게 된다. 빌리는 14살이 되면서 존 스코트 대령의 농장에서 일하게 된다. 그는 거기서 안정된 생활을 하면서 스코트 대령의 도움으로 네바다 고등학교(Nevada High School)를 다닐 수 있는 기회를 얻는다. 빌리는 고등학교 졸업을 하지는 못하지만 당시로서는 다른 사람보다 더 나은 교육을 받았다.

그는 1880년 아이오와주 마샬타운으로 이전하여 야구 선수가 된다.

2년 후 1882년 빌리가 속한 마샬타운 팀이 주 챔피언 팀을 이긴다. 그후 빌리는 1883년 메이저리그의 프로야구팀인 시카고 화이트 스타킹스(Chicago White Stockings)의 선수가 된다. 그가 전성기 때 세운 도루(steals) 기록은 오늘날에도 남아 있다. 그러나 그는 훌륭한 야구선수였지만 술에 빠져 방탕한 생활을 했다.

1886년 어느 주일날, 빌리는 해리 먼로가 인도하는 시카고 퍼시픽가든 미션 집회에 참석했다가 복음을 듣고 예수 그리스도를 구주와 주님으로 영접하게 된다. 그 후 빌리는 야구선수를 그만 두고 복음 전도자가 된다. 그는 어린 시절 교회에 다녔을 때 목사님이 말씀하신 것을 회상하게 된다. "매일 15분씩 말씀을 들으라(성경 읽기). 매일 15분씩 하나님과 이야기하라(기도). 매일 15분씩 하나님에 대하여 이야기하라(전도). 매일 15분씩 희생적인 사랑의 행동을 보여라(사랑 실천). 그러면 너는 훌륭한 하나님의 종이 될 것이다." 그는 평생 이 말씀을 실천했다고 한다.

빌리는 1888년에 시카고 부호의 딸인 헬렌 톰슨(Helen Nell Thompson)과 결혼한다. 빌리 선데이는 누구보다도 열정적인 설교자였으며, 사람들이 저지르는 음주 등의 죄악들에 대해서 칼로 찌르듯 강력하게 책망하는 전도자였다. 그는 많은 반대자들로부터 "최악의 설교자"라는 혹평을 받았지만, 동시에 그를 따르는 사람들에게는 "사도 바울 이후로 가장 위대한 복음 전도자"라는 극찬을 받았다.

1891년 빌리 선데이는 YMCA 전도사로 목회 전선에 뛰어들었다. 1893년부터 1895년까지 윌버 채프먼과 협력하면서 목회를 배운 그는 1896년부터 전국을 누비며 수많은 영혼을 영적으로 일깨웠다.

1910~1920년대, 미국이 제1차 세계대전과 대공황, 근본주의와 현대주의의 논쟁으로 전에 없는 어려움을 겪고 있을 때, 빌리 선데이는 미 국민에게 하나님의 말씀을 통해 새로운 희망을 제시하였다. 그가 제시한 희망은 단순히 종교적 희망의 차원을 넘어 미국의 희망으로 자리 잡았고, 희망을 꿈꾸던 미국인들은 빌리 선데이를 열광적으로 환영했다. 그의 죄에 대한 메시지는 강력했다.

"나는 죄와 싸우겠다. 발이 있는 한 죄를 차 버리겠고, 주먹을 가지고 있는 한 죄를 쳐 버리겠고, 머리를 가지고 있는 한 죄를 받아 버리겠고, 치아를 가지고 있는 한 죄를 물어뜯겠다. 내가 늙어서 주먹도 치아도 힘도 없다면 영광의 내 집에 들어갈 때까지 잇몸으로라도 죄를 이기겠다."

특히 당시 미 전국에 21만 8,000개의 술집이 있었고 술 문제는 국가적인 문제로 대두되었다. 빌리 선데이는 이렇게 외쳤다.

"위스키와 맥주가 그곳에 있는 것은 당연합니다. 그곳은 다름 아닌 바로 지옥입니다. 술집은 아무짝에도 쓸모가 없습니다. 여러분 금주에 동참하시지 않겠습니까? 보스턴 주민 여러분, 매사추세츠주와 국민 여러분, 하나님의 도우심으로 그 운동에 동참하시겠다고 약속하시겠습니까? 일어서십시오. 술집은 거짓말쟁이의 소굴입니다. 술이 건강에 좋다고 하지만

사실은 병을 가져다줍니다. 번영을 약속하지만 역경을 낳습니다. 행복을
약속한다고 하지만 실제로는 불행을 가져다줍니다."

그는 술의 악영향에 대해 조심해야 할 것을 말하며, 심지어 "전능
하신 하나님의 저주가 술집에 임할 것, 기독교와 애국이 동의어 이듯
이 지옥과 술집도 동의어다."라는 말도 주저하지 않았다. 1907년부터
1918년까지의 부흥집회는 절정에 달했는데, 그가 이룩한 결실은 가히
경이적이었다.

그가 방문한 3만 명 미만의 도시에서는 전체 인구의 22%가 그의 메
시지를 통해 회심했고, 3만~5만 명 도시는 전체의 15%, 5만~10만 명
도시는 13%, 10만~50만 명의 도시는 9%, 50만 명 이상의 도시에서
는 전체 인구의 4%가 그를 통해 예수 그리스도를 만났다. 예를 들면,
필라델피아 집회는 39,331명, 보스턴 집회는 63,484명, 뉴욕 집회에
서는 98,264명, 그리고 시카고 집회에서는 49,163명이 모여 빌리 선
데이를 통해 하나님의 말씀을 들었다. 1893년부터 1935년까지 공식
적인 집회만 548회가 열렸고, 그를 통해 그리스도를 만난 사람은 90
여만 명 정도 된다.

그는 평생 근본주의적 관점에서 설교자로 사역하였다.

세계적 부흥사 :
빌리 그래함(William Franklin Graham Jr 혹은 Billy Graham, 1918~2018)

    빌리 그래함 목사는 미국의 남침례회 목사이다. 그는 아이젠하워 대통령 이후 트럼프 대통령 시절까지 역대 미국 대통령들의 영적 조언자였다. 그래함은 역사상 존재했던 개신교도 중에서 전 세계에 있는 가장 많은 사람들에게 설교한 목회자였다. 그의 측근에 따르면, 1993년 한 해 동안 250만 명이 넘는 사람들이 빌리 그래함의 설교를 듣고 예수 그리스도를 인격적인 구세주로 받아들였다. 라디오 청취와 텔레비전 시청을 포함해서 그래함의 생애 동안 그의 설교를 들은 청중은 22억 명에 달한다.

    1918년 11월 7일 노스캐롤라이나주의 샬럿 부근 농촌에서 모로우 코우피(Morrow Coffey)와 윌리엄 프랭클린 그래함(William Franklin Graham)의 아들로 태어났다. 7살이 되던 해에 그리스도인이 되었다. 플로리다 성서신학교(Florida Bible Institute)에 입학하여 신학을 공부하였다. 휘튼 대학교(Wheaton College)에 진학하였다. 1943년에 대학생 시절 만난 루스 벨(Ruth Bell)과 결혼했다. 그들은 지지(Gigi), 앤(Anne), 루스(Ruth) 세

딸과 두 아들인 프랭클린(Franklin), 네드(Ned)를 합쳐 모두 5명의 아이를 가졌다. 2018년 2월 21일에 소천하였다.

빌리 그래함 목사의 시신은 루이지애나 주립 교도소의 수감자들이 만든 송판으로 만들어진 관에 누여졌고 시신은 장례식 전 워싱턴 DC로 잠시 옮겨져 국회의사당 로턴다(원형 홀)에 이틀간 안치되어 일반 시민의 조문을 받았다. 일반의 조문을 마치고 시신은 3월 1일 고인의 고향 노스캐롤라이나 샬럿으로 다시 옮겨 3월 2일 2,000여 명의 조객이 참석한 가운데 빌리 그래함 도서관 옆에 설치한 천막에서 장례식이 엄수됐다. 한국의 김장환 목사는 그래함 목사 장례식에 초청되어 외국 목사를 대표해서 조사를 낭독했다. 고인의 시신은 지난 2007년에 별세한 부인 고(故) 루스 그래함의 곁에 묻혔다.

빌리 그래함은 신학적으로는 보수적인 성향인 신복음주의를 배경으로 한다. 오직 예수 그리스도를 통해서만 구원을 받을 수 있으며, 성경은 하나님의 무오한 말씀임을 주장하여, 예수 그리스도의 대속(代贖)과 성경의 권위를 강조한 복음주의자이다. 또한 기독교 근본주의를 신복음주의 운동을 통해 개혁하고자 하였다 다른 복음주의자나 보수주의자와 달리 천주교회 및 진보적 개신교도들과도 기꺼이 대화를 하였다. 우리 시대의 위대한 설교자들에 따르면 빌리 그래함은 결식아동을 돕는 자선 활동도 하고 있었는데, 자선 활동이 빈곤을 퇴치하지 못함은 알지만 사회적 배려가 필요하다고 했다.

빌리 그래함은 일생 동안 400번이 넘는 전도집회(Crusade)를 전 세계 6개 대륙을 다니며 185개국이 넘는 나라에서 개최했다. 그의 첫 전도집회는 1947년 9월 미국 미시간주 그랜드래피즈(Grand Rapids)에서 열렸는데 6,000명의 청중이 모였다. 그때 그래함의 나이는 28세였다. 1954년 영국 런던에서는 12주 동안 전도집회를 열었으며 뉴욕에서는 1957년 매디슨 스퀘어 가든에서 15주 동안 전도집회를 열어 최장기간의 집회가 되었다. 가장 많은 청중이 모인 집회는 1973년 서울 여의도 광장에서 열린 집회로 110만 명이 모였다. 전도집회에서 그의 메세지는 주로 하나님의 사랑과 회개를 강조하는 복음의 핵심을 선포하는 것이었다. 그의 설교는 매우 간결하여 누구든지 이해하고 감동받기 쉽게 전달하였다.

그는 1952년 한국전쟁 때 한국을 처음 방문했다. 부산과 대구, 서울에서 한국인을 위해 집회를 열었고, 일선 지구에 있는 미 장병을 위문하고 성탄 메시지를 전했다. 부산에서 12월 17일 야외 집회에는 함태영 부통령이 참석했다. 한경직 목사의 통역으로 집회를 열었고 12월 18일 부산에서 마지막 집회에서는 8,000명이 모였다. 서울 집회는 한경직 목사가 담임하신 영락교회에서 한경직 목사의 통역으로 진행되었다. 한국 방문 중에 쓴 일기를 《당신 아들을 전쟁터에서 보았습니다》라는 제목의 책으로 이듬해에 발간하여 책 판매에서 얻어진 수익 전액을 한국전쟁 구호금과 선교비로 한국에 보냈다. 1958년 서울 운동장에서 이승만 대통령 등 당시 정부 요인이 참관한 가운데 집회를 개최하였다.

1973년 한국전도 대회는 한경직 목사가 준비위원회의 위원장이 되어 빌리 그래함 목사를 초청하여 서울 여의도 광장에서 5일에 걸친 전도집회를 김장환 목사의 통역으로 개최했다. 마지막 날 집회에선 110만 명의 성도들이 모여서 빌리 그래함의 전도집회 역사상 최다수가 모인 집회가 되었다. 1984년 한국 선교 100주년 기념 대회에서도 여의도를 방문하여 설교를 하였다. 1992년과 1994년에 북한의 김일성 전 주석의 초청을 받아 북한을 방문하였다. 1997년 빌리 그래함 목사의 부인인 루스 벨 그래함 여사가 북한으로부터 초청받아 장녀 지지와 차남 네드를 대동하고 평양을 방문하였다. 북한이 그래함 목사 부부를 평양으로 초청한 것은 장인 넬슨 벨 선교사가 중국에서 선교 활동을 하면서 1930년대 초 딸 루스 벨을 평양의 외국인 학교에 보낸 인연 때문이다.

빌리 그래함(Billy Graham) 목사는 자신이 저술한 《하나님과의 평화(Peace with God)》라는 책에서 기독교인이 따라야 할 삶의 지침 10가지를 제시했다. 그는 이 책에서 진정한 개인적 평화를 찾을 수 있는 유일한 길은 하나님이라고 지적했다.

다음은 빌리 그래함 목사가 건전한 영적 건강을 위해 크리스천이 유념하고 실천해야 할 10가지 삶의 지침이다.

1. 매일 성경 읽기
단지 마음의 만족을 위해 말씀을 대충 훑어보는 것으로 만족하면 안 된다. 마음속에 하나님의 말씀을 아로새겨야 한다. 말씀은 우리를 위로하고, 지도하고, 바로잡고, 격려한다. 필요한 모든 것들은 성경 속에 있다.

2. 기도의 비밀 배우기

기도는 소통이다. 우리가 하는 모든 기도는 응답 받을 것이다. 응답은 YES일 수도, NO일 수도, 때로는 WAIT일 수도 있다. 그러나 결국 모든 기도는 어떤 식으로든 응답 받을 것이다.

3. 끊임없이 성령에게 의지하기

성령은 우리를 위해 간구하신다. 성령은 약한 자에게 큰 위로를 주신다. 우리는 옆으로 비켜서서 성령께서 우리 삶의 모든 선택과 결정을 대신하도록 해야 한다.

4. 꾸준한 교회 출석

교회는 그리스도의 지상 조직이다. 크리스천은 서로를 필요로 한다. 우리는 하나님을 경배하기 위해 모여야 한다. 어떤 것도 교회 출석을 대신할 수 없다.

5. 그리스도의 증인되기

크리스천은 삶과 말씀이라는 두 가지 방법으로 그리스도의 증인이 될 수 있다. 그리고 가능하다면 두 가지는 손을 맞잡고 함께 가야 한다.

6. 사랑으로 삶의 원칙을 지배하기

예수께서는 제자들에게 이렇게 말씀하셨다. "너희가 서로 사랑하면 이로써 모든 사람이 너희가 내 제자인 줄 알리라"(요한복음 13장 35절) 우리가 기독교인임을 증명하는 가장 좋은 방법은 예수의 사랑을 보여주는 삶이다.

7. 순종하는 크리스천 되기

그리스도께서 우리 삶의 모든 선택을 하시도록 그에게 순종하자.

8. 유혹 이기는 방법 배우기

유혹을 받는 건 죄가 아니다. 유혹에 굴복하는 건 죄다. 유혹을 이기기 위해 성령을 통해 그리스도께서 우리를 위해 싸우시도록 해야 한다.

9. 건전한 크리스천 되기

크리스천의 삶과 외모는 복음을 장려하고 다른 이들에게 복음이 매력적으로 보일 수 있도록 해야 한다.

10. 환경을 극복하기

둘러싼 상황이나 환경 때문에 실망하지 않아야 한다. 주께서 우리와 함께하심을 믿고, 주어진 환경에서 품위 있게 살아야 한다.

결론

종교개혁 이후 침체되었던 신앙부흥 운동의 주요 역할을 한 지도자는 영국에서는 요한 웨슬레이고 미국에서는 조나단 에드워즈였다고 신학자들은 말한다.

미국의 조나단 에드워즈가 미국 대각성 운동의 개신교 선구자라면 요한 웨슬레는 영국의 개신교 부흥 운동의 선구자이다. 이 두 지도자는 여러 면에서 공통점을 가지고 있는데 첫째는 둘 다 최고 대학 출신들이라는 것이다. 웨슬레가 옥스퍼드 대학을 우등으로 졸업했다면 에드워즈는 예일 대학 수석 졸업생이다. 웨슬레와 에드워즈가 학창 시절 지성인 엘리트로 활동했는가 하면 더 나아가서 지성인으로 학식에 만족하지 않고 영적인 갈급함에서 헤어 나오기 위해서 온갖 노력을 다 했으며 드디어 두 사람 다 성령의 인침을 받고 일생을 주님을 위해 헌신했다는 것이다. 웨슬레와 에드워즈는 유명한 설교가였다. 또 한 가지 공통점은 그들은 실수를 기회로 삼아 복음사역에 더욱 충실했다는 것이다. 묘하게도 두 사람은 같은 해인 주후 1703년에 태어났다. 이 두 사람은 대가족의 가정에서 자랐다. 에드워즈가 11명의 자녀 중 다섯째로 웨슬레가 19명 자녀 중 다섯째로 태어났다.

이 두 사람의 차이점이 있다면 첫째 에드워즈나 웨슬레 둘 다 1703년에 태어났으나 에드워즈는 55세에 요절했고 웨슬레는 88세까지 장수한 것이다. 둘째로 웨슬레는 기독교 사역에서 강력한 리더십과 동시에 조직력이 강하고 화합형이었는가 하면 에드워즈는 그의 주관적이며 강직한 품성으로 타협형보다 오히려 부딪치는 성격으로 교회 지도자들과 자주 충돌했으며 그리고 교회에서 장로들과의 마찰로 인해 교회에서 해임당하기도 했다. 셋째로 웨슬레가 결혼 생활에 실패하였으나 에드워즈는 큰 문제없이 결혼 생활을 한 것으로 기록되어 있으며 에드워즈가 집에 있는 때가 별로 없어도 그의 부인인 사라가 그의 사역에 내조를 잘했으며 에드워즈의 외손자가 토마스 제퍼슨 대통령 때 부통령을 역임하기도 했다. 넷째로 무엇보다 에드워즈가 철저한 칼뱅주의라면 웨슬레는 인간의 자유의지를 주장하는 아르미니안주의에 가깝다고 할 수 있다.

에드워즈는 집필력이 대단했으며 이로 인해 그는 뉴저지 대학(지금 프린스톤 대학)의 총장으로 초청받기도 했다. 그의 유명한 책《놀라운 부흥 이야기》는 웨슬레에게도 큰 감동을 주었다고 기록되어 있다.

요한 웨슬레는 이성적인 면과 신앙적인 면을 고루 갖춘 사람으로 다른 기독교인들에게 모범이 되는 학자요 신앙가이기도 하다. 웨슬레는 성령을 체험하고 일생을 복음 전도에 헌신한 성공회 사제이다. 그가 감리교 운동을 시작하였으나 그는 죽을 때까지 성공회의 사제직에서 떠나지 않았고 그의 역할을 충실히 이행한 목사이기도 하다.

이 두 지도자들은 성격이나 자라온 환경이나 신앙의 바탕이 다소 다르기는 하나 그 당시의 개신교를 활성화 하는 데에는 별 차이가 없었고 개신교를 올바른 방향으로 이끌어 나가기 위한 투철한 신앙을 가지고 있었음에 틀림없다.

종교개혁 이후 유럽과 미국의 개신교는 많은 변화를 가져왔다. 각 나라마다 정치 경제, 문화와 사회적 갈등으로 인해 종교정책도 이에 따라 많은 변화를 일으켰다. 국가적으로 볼 때 독일이나 이탈리아 그리고 러시아는 독재정권의 압제정책으로 인해 기독교(가톨릭 포함)는 이에 순응할 수밖에 없었고 더 나아가서 국가정책에 동조하여 명목상 종교를 유지할 수밖에 없었다. 그런가 하면 개신교는 시대마다 정통, 신정통, 경건, 계몽, 합리주의 및 경험주의 등으로 구분되어 발전 또는 쇠퇴하기에 이르렀다. 반면에 인종의 다양성을 가지고 있는 미국은 독립이 되면서 종주국인 유럽의 여러 개신교의 배경을 중심으로 장로교, 감리교, 성공회 및 침례교 등 다양한 개신교를 형성하기에 이르렀다.

결과적으로 개신교는 개혁파와 자유주의 학파로 나뉘어 교리 및 신학 논쟁을 하게 되었고 시대가 바뀌면서 근세에 가까이 갈수록 정통 및 보수파나 개혁파는 분열로 인해 종교의 가치를 상실하기 시작하고 그 대신 자유주의 및 합리주의 신학의 세력이 강해지면서 동성애, 성소수 및 낙태문제 등에 동조하는 현상이 개신교에서 강하게 일어나고 있다.

이러한 복잡하고 어려운 상황에서 개신교는 신앙과 교리를 문제 삼아 분열을 계속할 뿐 아니라 교인수도 급속히 감소하는 현상이 일어나고 있다. 더 나아가서 후기 현대(Post modern) 시대에 들어오면서 종교 다원주의로 인해 종교 평등화 현상이 일어나 기독교는 갈수록 쇠퇴해 가는 것을 감지하게 된다.

가톨릭도 시대가 바뀌면서 퇴색하는 모습을 볼 수 있는데 전에는 금기였던 동성애 문제, 여성 안수 문제, 동성애자 안수 문제 등 가장 예민한 문제들을 이제는 교황이 다루지 않으면 안 되는 시대가 되기도 했다. 현 교황이 이러한 중요한 문제를 호의적으로 다루려고 함으로 미국을 비롯하여 아시아 및 아프리카 가톨릭에서 반대하는 목소리가 커짐으로 교황도 딜레마에 빠질 수밖에 없는 상태에 도달했다.

결국에는 기독교(가톨릭 포함)는 당분간 보수와 자유주의 싸움의 소용돌이 속에서 빗어나기 힘들게 되었다.

참고문헌(References)

Martin Luther:

- Bainton, Roland. *Here I Stand: A Life of Martin Luther*. New York, Penguin, 1995.

- Martin Brecht. *Martin Luther*. Minneapolis: Fortress Press, 1993.

- Kittelson, James. *Luther The Reformer*. Minneapolis: Augsburg Fortress Publishing House, 1986.

- Hendrix, Scott H. *Martin Luther: Visionary Reformer*. New Haven, CT, Yale University Press. 2015.

- Marshall, Peter. *Martin Luther and the Invention of the Reformation*. Oxford University Press, 2017.

- Mackinnon, James. *Luther and the Reformation*. Vol. IV, New York, Russell & Russell, 1962

- Luther, Martin. *Admonition against the Jews*, added to his final sermon, cited in Oberman, Heiko collection.

- Luther: *Man Between God and the Devil*, New York: Image Books, 1989,

- Noble, Graham. *Martin Luther and German anti-Semitism*, History Review, 2002.

John Calvin:

- T. H. L. *John Calvin: a Biography*, Louisville, Kentucky, Westminster John Knox, 2006.

- Bouwsma, William James. *John Calvin: A Sixteenth-Century Portrait*, Oxford University Press, 1988.

- Cavin, John. *Institutio Christianae Religionis*[Institutes of the Christian Religion] (in Latin: 1564), Translated by Henry Beveridge, Grand Rapids, MI: Wm. B. Eerdmans Publishing Company, 1989.

- Detmers, Achim. "Calvin, the Jews, and Judaism", Bell, Dean Phillip, Burnett, Stephen G. eds. *Jews, Judaism, and the Reformation in Sixteenth-Century Germany*, Leiden: Brill, 2006.

- Ganoczy, Alexandre, "Calvin's life", in McKim, Donald K. eds. *The Cambridge Companion to John Calvin*, Cambridge University Press, 2004.

- Manetsch, Scott M. *Calvin's Company of Pastors: Pastoral Care and the Emerging Reformed Church*, 1536~1609, Oxford Studies in Historical Theology, Oxford University Press, 2013.

- McDonnell, Kilian. *John Calvin, the Church, and the Eucharist*, Princeton: Princeton University Press, 1967.

- Backus, Irena, Benedict, Philip, eds. *Calvin and His*

Influence, Oxford University Press, 2011.

- Balserak, Jon. *John Calvin as Sixteenth-Century Prophet*, Oxford, The John Calvin Bibliography of the H. Henry Meeter Center for Calvin Studies, 2014.

John Wesley:

- Cracknell, Kenneth; White, Susan J. eds. *An Introduction to World Methodism*. Cambridge University Press. 1997.

- Hammond, Geordan. *John Wesley in America: Restoring Primitive Christianity*. Oxford: Oxford University Press, 2011.

- Heitzenrater, Richard P. *John Wesley and the Oxford Methodists*, 1725~1735, Doctor of Philosophy thesis, Duke University. 2016.

- Lee, Jesse. *A Short History of the Methodists in the United States of America*. Baltimore, Magill, and Clime, 2013.

- Morgan, Kenneth. *John Wesley and Bristol*. Bristol Historical Association Pamphlets, 2014.

- Oden, Thomas C. *Pastoral Theology. John Wesley's Teachings*. Vol. 3. Grand Rapids, MI: Zondervan, 1997.

- Tucker, Robert Leonard. *The Separation of the Methodists from the Church of England*. Eugene, Oregon: Wipf and Stock Publishers, 2018.

- Wesley, John. *A Collection of Hymns for the Use of the People called Methodists*. London, Wesleyan Conference Office, 1993.

- Busenitz, "Nathan. John Wesley's Failed Marriage". Christianity Today, Cripplegate. Retrieved 10, November 2014.

- Field, David N. *The Case of Thoughts Upon Slavery*. University of South Africa, 2001.

- Green, Roger J. "1738 John & Charles Wesley Experience Conversions". Christianity Today. Retrieved 9 December 2019.

- Hodges, Sam. "Re-evaluating John Wesley's time in Georgia". United Methodist Church News, 1996.

- Oakes, Edward T. "John Wesley: A Biography". First Things. Retrieved 13 December 2019.

Jonathan Edwards:

- Leitch, Alexander. *A Princeton Companion*. Princeton: Princeton University Press. 2004.

- Marsden, George M. *Jonathan Edwards*: A Life. New

Haven: Yale University Press. 1978.

- Lee, Sang Hyun, ed. *Princeton Companion to Jonathan Edwards*. Princeton: Princeton University Press. 2005.

- Crisp, Oliver D. *Jonathan Edwards Among the Theologians*. Grand Rapids: William B. Eerdmans Publishing Company. 2008.

- Delattre, Roland André. *Beauty and Sensibility in the Thought of Jonathan Edwards*: An Essay in Aesthetics and Theological Ethics. New Haven: Yale University Press. 2013.

- Fiering, Norman. *Jonathan Edwards's Moral Thought and Its British Context*. Chapel Hill: University of North Carolina Press. 2007.

- Gerstner, John H. *The Rational Biblical Theology of Jonathan Edwards*, in three volumes. Powhatan: Berea Publications. 1993.

- Holmes, Stephen R. *God of Grace, God of Glory: The Theology of Jonathan Edwards*. Edinburgh: T & T Clark, 2000.

- Jenson, Robert W. *America's Theologian: A Recommendation of Jonathan Edwards*, Oxford University Press, 1988.

- Bach, Wilson H.; Maskell, Caleb J.D.; Minkema, Kenneth P., eds. *Jonathan Edwards's "Sinners in the Hands of an Angry God"*: A Casebook. New Haven: Yale University Press, 2010.

- McClenahan, Michael. *Jonathan Edwards and Justification by Faith*. Farnham: Ashgate Publishing, 2012.
- Noll, Mark A. *America's God: From Jonathan Edwards to Abraham Lincoln*. Oxford: Oxford University Press, 2002.
- Parkes, Henry Bamford. *Jonathan Edwards, the Fiery Puritan*. New York: Minton, Balch & Company, 1930.

김득해(Samuel Dukhae Kim)

개신교의 역사

History of the Protestant Churcht

인쇄 2024년 3월 20일
발행 2024년 3월 25일

지은이 김득해
펴낸이 이노나
펴낸곳 인문엠앤비
주　소 서울특별시 종로구 북촌로4길 19, 404호(계동, 신영빌딩)
전　화 010-8208-6513
이메일 inmoonmnb@hanmail.net
출판등록 제2020-000076호

저자와 협의, 인지는 생략합니다.
잘못된 책은 바꿔 드립니다.

ISBN 979-11-91478-27-3 03230

값 20,000원